Naturalmente urbano

GABI
MARTÍNEZ

Naturalmente urbano

Supermanzana: la revolución de la nueva ciudad verde

DESTINO Referentes
Volumen 9

Autor representado por Casanovas & Lynch Literary Agency, S. L.

Ediciones Destino es un sello de Editorial Planeta, S. A.
Diagonal, 662-664. 08034 Barcelona
www.edestino.es
www.planetadelibros.com

Primera edición: febrero de 2021

ISBN: 978-84-233-5872-4
Depósito legal: B. 21.494-2020
Preimpresión: Realización Planeta
Impreso por Liberdúplex, S. L.
Impreso en España - *Printed in Spain*

El papel utilizado para la impresión de este libro está calificado como **papel ecológico** y procede de bosques gestionados de manera sostenible.

Le he oído decir a Wes Jackson, del Land Institute, que si no somos capaces de proteger las tierras de cultivo tampoco podremos proteger las tierras salvajes, y creo que tiene razón. Según esa misma lógica, tampoco lo conseguiremos si no somos capaces de proteger las ciudades.

Wendell Berry,
El fuego del fin del mundo

Ya no estamos hablando de retirarnos a comunidades rurales, sino, más bien, de construir centros de población a escala humana sofisticados tecnológica y éticamente y que, por su diseño mismo, reconecten tanto a niños como a adultos con la naturaleza.

Richard Louv,
Los últimos niños en el bosque

Ruralizad lo urbano, unbanizad lo rural.

Ildefons Cerdà

ÍNDICE

El sonido

El origen fue el sonido. Después de más de cuarenta años viviendo en Barcelona, creía haber pensado mucho en mi ciudad, en cómo su diseño y su carácter condicionaban mi existencia, pero tuve que empezar a quedarme sordo para ahondar en nuestra relación. También me pregunté si teníamos futuro juntos.

Había acudido al médico por unos molestos acúfenos y las pruebas delataron que estaba perdiendo audición en un oído. Semanas después me implantaban un estribo de platino. Salí del hospital con la oreja blindada con un llamativo colchón de gasas y telas que debía amortiguar el impacto de los sonidos que durante los primeros diez días llegarían con una definición mucho más perfecta, y por eso agresiva, de lo habitual. En la calle, caminé no más de treinta pasos cuando una ambulancia zumbó a cuatro metros, la sirena a volumen máximo. Sentí un trallazo a la altura de la sien, me mareé. Acababa de quedarme sordo del oído recién operado.

Fue menos grave de lo temido. Al cabo de unas semanas recuperé la capacidad de oír, pero la nefasta secuencia detonó preguntas y deducciones que han derivado en otra forma de observar el ecosistema urbano.

Cuando alguien padece un trastorno, suele revisar el pasado para intuir qué ha podido provocarlo. Los acúfenos y la pérdida de audición podrían ser una cuestión genética, aunque en mi familia ningún abuelo ha necesitado audífono, y es cierto que de chaval frecuenté discotecas buscando la cercanía de bafles, y me atiborré de sesiones con auriculares poniendo la música a tope. Eso ocurrió hace años, pero ya me habían advertido de que algunas consecuencias viajan en el tiempo y nos sorprenden tan tarde que, cuando emerge el desperfecto, hasta cuesta entender a qué viene eso ahora.

Por otro lado, algunos estadísticos dicen que vivo en la ciudad más ruidosa del mundo occidental y la séptima más ruidosa del mundo, tras el podio conformado por Cantón, Nueva Delhi y El Cairo. Los datos son muy relativos, a saber qué intereses hay tras ellos, pero la presencia de un desmedido ruido ambiental no parece discutible. Lo llamativo es que se trata de una agresión continua a la que casi nadie presta demasiada atención en las grandes ciudades del mundo. Aunque casi la mitad de los españoles afirma vivir en una ciudad ruidosa, pese a que el 74 por ciento de los madrileños describía en 2017 su ciudad como «muy ruidosa», durante décadas no solo no se han tomado medidas para paliar el problema, sino que más bien se ha fomentado.

La Organización Mundial de la Salud advierte que los jóvenes están perdiendo audición a una velocidad inquietante. Escuchar música por cascos y auriculares a volumen demasiado alto es una clara causa de deterioro entre los jóvenes de 12 a 35 años, muchos de los cuales viven en ciudades como Barcelona, donde el 44 por ciento de las viviendas están expuestas a altos niveles sonoros a causa sobre todo de la concentración de automóviles, que proyectan unos setenta decibelios cada uno, cuando la ordenanza municipal fija en 65 los decibelios permitidos en la calle.

El pronóstico es que uno de cada diez jóvenes actuales sufrirá una pérdida de audición discapacitante hacia el año 2050. El doble de lo que se registra en la actualidad, si bien la edad de presbiacusia se está adelantando, y si hasta hace poco una persona de cualquier ciudad primermundista empezaba a perder oído entre los 60 y los 65 años, pronto lo hará entre los 50 y los 55. Es decir, que el problema ya está aquí, yo soy un ejemplo del dato (un ejemplo de vanguardia, porque el destrozo me ha pillado incluso antes, transitando los cuarenta). Dicen que un habitante de Barcelona oye como si tuviera dieciséis años más de los que en realidad tiene.

Y sin embargo.

Esos mismos estudios aseguran que el ruido es el factor medioambiental que menos importa a la gente. Parece que los urbanitas hemos asimilado el ruido excesivo como un rumor natural. El tráfico rodado es el principal difusor de decibelios dentro de las ciudades, pero al considerarlo un simple sonido de fondo, las quejas vecinales suelen apuntar a los sistemas de ventilación o a los lugares de ocio nocturno. La impunidad de la que el automóvil ha disfrutado hasta ahora quizá tenga que ver con su catalogación como instrumento imprescindible, tan vital para millones de ciudadanos que prefieren quedarse sordos pronto antes que plantearse la vida sin coche. O, como mínimo, antes que usarlo un poco menos. Es la lícita decisión de una sociedad que ha evaluado daños y opta por la sordera.

Aceptar mansamente la pérdida de uno de nuestros sentidos es una opción..., pero parece que el tema del ruido comporta desarreglos que habrá quien considere aún más serios.

El escritor Julio Llamazares dijo que «la conquista del silencio es un objetivo político», y los médicos afirman que «el ruido es la causa de enfermedad más desconocida del siglo XXI», porque ese malestar que provoca su presencia, esa incomodidad, ese disgusto tan difícil de medir, repercute (según los doctores, «sin duda») en alteraciones de orden neurovegetativo, cambios hormonales y estructurales y un aumento de la adrenalina. Las poblaciones sometidas a un exceso de ruido sufren más tensión arterial, enfermedades cardiovasculares y sobreestimulación de los neurotransmisores. Y el conjunto se materializa en diagnósticos populares como el insomnio o el estrés.

Se podría decir que el ruido no es el detonante palpable de nada, aunque acaba determinando muchísimo. Una especie de poder en la sombra que mina nuestras resistencias imponiendo su ley, que hasta ahora en las ciudades ha sido la ley del motor de combustión. En Barcelona, esta ley dicta que los ciudadanos no debemos oír –y, en efecto, no oímos– el ruido de los 600.000 automóviles que cada día entran en el centro urbano llegados de las afueras –más que en Manhattan– para completar los seis millones de desplazamientos diarios que se producen en la ciudad.

En cualquier caso, también podría ser que el ruido del tráfico no nos moleste porque su agresión permanente nos ha embotado el oído, igual que multitud de olfatos metropolitanos expuestos a miles de partículas contaminantes no alcanzan a definir olores con precisión.

Una forma de intuir la salud de una ciudad pasa por atender al funcionamiento de los sentidos de las personas que la habitan. Perder oído y olfato invita a hacer algún cambio si es que aún queremos considerarnos especímenes dignos del reino animal.

Desde el día que me quedé sordo, empecé a pensar cosas así. También me pregunté por qué las sirenas de ambulancias, policías o bomberos suenan tan fuertes, incluso si deberían sonar. Y por qué había sonado aquella junto a un hospital donde se realizaban operaciones de oído. ¿Cómo se diseña una ciudad? ¿Quiénes están pensando en ella? Pensando en serio.

En la búsqueda de respuestas apareció Salvador Rueda. Este señor de Barcelona es el padre del concepto «supermanzana», ideado para revolucionar ecológicamente el diseño urbano. Su forma de llegar a esta solución resulta emocionante por ilustrativa.

Rueda quería dedicarse al estudio del cerebro y por eso estudió biología y psicología a la vez. Mientras esperaba para incorporarse a una investigación sobre neurotransmisores en el hospital de Sant Pau, el proyecto se retrasó y encontró trabajo haciendo una sustitución como profesor de matemáticas y ciencia en un instituto del Besòs «realmente rompedor. Se basaba en el proyecto pedagógico de una cooperativa de viviendas autogestionada. Las decisiones se tomaban entre padres, alumnos y profesores. Lo que tenía que ser una sustitución de un mes se convirtió en una tarea de seis años. Quedé totalmente atrapado y maravillado. Fueron seis años dedicados en cuerpo y alma a la docencia y la investigación conjunta con los alumnos. Creo que es el período en que más he aprendido de mi vida».

En 1977, los chavales construyeron una placa solar térmica. La plancha de cobre se reaprovechó de una impresora industrial; el acumulador lo recuperó el propio Rueda del basurero, igual que la madera y el material de aislamiento. «Todo era reciclado.» En ocasiones, los jóvenes se desplazaban a un huerto situado a treinta kilómetros de la escuela para practicar la agricultura ecológica. El singular sistema de enseñanza permitió que, durante aquellos años, el 90 por ciento de sus estudiantes accediera a la universidad, frente al 6 por ciento registrado en otras escuelas del sudoeste del Besòs, una zona que sufría una complicada situación económica y social.

En esa época, Rueda también se ejercitó como solucionador de conflictos y, junto con padres de la escuela y vecinos del barrio, fundó el primer grupo de ecología urbana de España. «Pasé de hacerme preguntas sobre el sistema más complejo de nuestro organismo, el cerebro, la red de redes, a interrogarme sobre el sistema más complejo que ha creado la especie humana: la ciudad.»

Cambió las aulas por los servicios ambientales del Ayuntamiento de Sant Adrià del Besòs. «Creo que me convertí en el primer biólogo contratado por un ayuntamiento en período democrático.» Era 1979. Dos años después organizó las primeras jornadas de Ecología Urbana de España. En 1986, el Ayuntamiento de Barcelona le encomendó dirigir Medio Ambiente. Una de sus primeras tareas fue diseñar la planificación medioambiental de la ciudad. Tras estudiarla a fondo, ideó un proyecto de ecología urbana, y una de sus primeras grandes propuestas fue hacer un mapa del ruido.

Ah, el ruido. Si en el año 2020 todavía se relega al rincón de las pequeñas molestias, imagina en 1987 en una ciudad que tenía la fabricación de automóviles como industria emblemática y donde aún no existían simuladores tecnológicos capaces de evaluar el impacto de muchas variables ambientales. Políticos y funcionarios le dieron largas, había cosas más urgentes que atender. De todas formas, el mapa del ruido sirvió para que Rueda contemplara el conjunto de fuerzas que actuaban sobre la ciudad, comprobando que el 88 por ciento de la superficie superaba el límite de 55 decibelios aceptado por la Organización Mundial de la Salud. Buena parte de la ciudad estaba fuera de la ley, igual que muchos otros centros de ciudades. Rebajar el ruido a 55 resultaba innegociable, demasiadas y demasiado poderosas fuerzas económicas se opondrían a cambiar aquellas estrepitosas inercias, de modo que Rueda y su equipo buscaron un límite de consenso razonable que se cumpliera a rajatabla. Así, cifraron el tope en 65 decibelios, la medida sónica que permite que dos personas a un metro de distancia puedan conversar de forma inteligible sin levantar la voz. Y, a partir de esa norma, desarrollaron un plan para domar las nocivas dinámicas que oprimían a la ciudad aplicando medidas de urbanismo ecosistémico. También se acordó que, de noche, ningún lugar superaría los 35 decibelios necesarios para asegurar el descanso de los vecinos. «La ciudad es el ecosistema más complejo que ha creado la especie humana», dijo Rueda, porque ya estaba pensando la ciudad como una red de calles, automóviles, árboles, personas, semáforos, jardines, sol, agua, gas, azoteas, animales, donde todo influía en todo. Un cuerpo de vasos comunicantes cuya salud depende del funcionamiento de cada célula y donde la movilidad tiene una importancia capital. Bajo esa certidumbre, ideó un nuevo diseño urbano para la ciudad no solo inspirado sino literalmente basado en la disposición por «manzanas» del genio Ildefons Cerdà, y que rotaría en torno a una nueva célula del engranaje urbano a la que denominó supermanzana.

La supermanzana, reconocida como una de las soluciones más revolucionarias y factibles del mundo orientadas a transformar las sociedades humanas del siglo XXI, surge de reparar en los ruidos «sin importancia». Hay que tener en cuenta que, hasta hace poco más de un siglo, preocuparse por el ruido, la suciedad o el consumo de carne o alcohol con frecuencia se consideraba «una delicadeza afeminada», y aunque la sociedad haya emprendido un cambio, este acaba de empezar.

En los años setenta y principios de los ochenta del último siglo, el ruido de las motos era una realidad barcelonesa tan invasiva como el humo del tabaco en espacios públicos, si bien ambas habían sido socialmente integradas como alteraciones normales y por eso resultaban, de algún modo, indetectables. Los códigos no habían cambiado mucho desde que en el siglo XVIII los fabricantes ingleses de ferrocarriles impidieran que James Watt redujera el ruido que hacía su máquina de vapor recién inventada porque querían una prueba auditiva de su poder.

Desde entonces han discurrido dos siglos en los que el ser humano se ha convencido de que podía independizarse de la naturaleza. Ha creído que los combustibles fósiles podían sustituir al sol. Que la tecnología podía repararlo todo. De hecho, aún pululamos por ese espacio de soberbia, y si no fuera porque durante los últimos tres años han saltado tantas alarmas que ya resulta imposible ocultar que hay millones de personas sufriendo de manera directa el deshielo de los polos, el arrasamiento de la selva amazónica o los insólitos fuegos veraniegos de Australia, por no hablar del auge de las especies invasoras y las plagas, mientras desciende en picado el número de ejemplares de otras fundamentales como las abejas o el ganado autóctono, si no fuera por todo eso y mucho más, es bastante posible que ni las supermanzanas ni por lo tanto este libro hubieran visto la luz.

Pero aquí estamos. Digiriendo aún la guinda que ha subrayado la magnitud de nuestros despropósitos, el coronavirus SARS-CoV-2. Cada vez más conscientes de que nos hemos excedido y, parece, en fase de querer subsanar desmanes. Para eso será necesario cambiar algunas de las ideas enquistadas a lo largo de dos siglos de vértigo artificial y de una destrucción de lo natural normalizada. ¿Cómo lo vamos a hacer? Saber de qué ciudades venimos puede sugerir caminos.

Ciudad anterior

Desde su creación, la ciudad sintetiza el carácter de la sociedad que la anda, la oye, la respira. La ciudad medieval se obsesionó con mantenerse dentro de las murallas moviéndose por calles estrechas, y esa tendencia al encierro articuló una urbe que ahora provoca claustrofobia. La ciudad del absolutismo produce la sensación opuesta, porque el horror al vacío impulsó a ocuparlo todo a base de grandes avenidas llenas de edificios uniformes y monótonos, estimulando una agorafobia que intentó paliarse con el constante desplazamiento de vehículos. Y esta práctica la sublimó el barroco, sacrificando la ciudad al tráfico, aportando un ajetreo constante muy de acuerdo con su sobrecargada idiosincrasia.

Pero el momento decisivo en la separación de calles de tránsito y vías para peatones es anterior al barroco y corre a cargo de un genio que también se desplegó en la ingeniería militar: Leonardo da Vinci. Lewis Mumford escribe en *La ciudad*:

> Mucho antes de la invención de las excavadoras, el ingeniero militar italiano desarrolló, a través de su especialización profesional en la destrucción, un hábito mental de derribar cosas, en virtud del cual procuraba barrer los obstáculos del suelo, a fin de empezarlo todo de nuevo conforme con sus inflexibles principios matemáticos. Pero a menudo estos «obstáculos» estaban representados por viviendas familiares, tiendas, iglesias, vecindarios y reliquias veneradas, es decir, la base de todo un tejido de hábitos y relaciones sociales. La supresión total de los edificios que encarnaban estas formas de vida eliminaría las cooperaciones y fidelidades de toda una vida y, a menudo, de muchas generaciones. Que al hacer una «limpieza» el urbanista tuviera que destruir órganos sociales preciosos, que no sería posible reemplazar con tanta facilidad como se pavimentan las calles o se edifican casas, no le parecía una consideración importante al primitivo ingeniero militar, como tampoco se lo parece a sus sucesores del si-

glo XX, a cargo de «obras de eliminación de tugurios» o de proyectos de autopistas.

En beneficio de la eficacia mecánica y de la armonía estética exterior, el ingeniero pasaba por alto la estructura social de la ciudad y, en su esfuerzo por acelerar el tránsito, impedía la reunión y la cooperación de aquellos a quienes se suponía que el tránsito había de servir.

El hombre que diseñó el primer artefacto volador también sentó algunas bases para catapultar el imperio de las máquinas, que siglos después fueron entronizadas por la revolución industrial, cuya guinda metropolitana se llama ciudad carbón. Charles Dickens escribió a fondo sobre esa sociedad arrodillada ante las necesidades del ferrocarril, donde banqueros, industriales e inventores mecánicos decidieron que el progreso pasaba por amontonar a miles de personas en viviendas ínfimas sometidas a condiciones miserables. Desde nuestro siglo puede observarse que aquella época de progreso técnico no aportó ningún adelanto significativo como unidad social y política. La ciudad industrial, la que a fuerza de máquinas y capital había construido un nuevo orden, se ancló moralmente en el siglo XVII. Aquellas concentraciones humanas cada vez más enormes y congestionadas se regían por los principios de lo antivital y lo antiorgánico. Y entonces apareció el automóvil.

Si la industria del ferrocarril había trasladado el ambiente de la mina a la ciudad multiplicando el ruido, el humo y los escombros, a la vez que abría brechas en espacios naturales para que la máquina llegara al corazón de la urbe, los automóviles impulsaron una definitiva reorganización de los caminos y, sobre todo, de las comunidades urbanas. La humanidad del último siglo tiende a ver sintetizada en ese tiempo, más que en cualquier otro, la idea de progreso, de evolución. Sin tener demasiado en cuenta que, como observó el físico John Archibald Wheeler, «hay una evolución por atrofia así como la hay por complicación creciente, y ambos procesos pueden darse simultáneamente y con ritmos variables en el mismo organismo». «Tugurio, semitugurio y supertugurio: a eso se reduce la evolución de las ciudades», apuntillaría el sociólogo y biólogo Patrick Geddes.

Asociar progreso a abundancia, suma y velocidad

ha propiciado ciudades cada vez más grandes donde los humanos pretenden moverse a la velocidad de las máquinas imprimiendo al día a día un ritmo maníaco depresivo que, al ser antinatural, dispara las enfermedades. Desde la ciudad carbón, el mundo se mide a otra escala. Hasta ahora nos hemos contado que ser grande es ser más. Que correr mucho mejora. Que la cantidad acaba conteniendo calidad. Pero como la naturaleza está sugiriendo que las leyes de la supervivencia no comparten esos criterios, ya menudean las voces que reclaman la necesidad de impulsar un cambio de escala. Para restablecer cierto orden, habría que reducir el tamaño de mucho, y si las ciudades son la creación humana más compleja, habrá que empezar por ellas. Aquí aparece de nuevo la pregunta sobre si lo sabremos hacer.

En la etapa de la ciudad carbón se vivió una encrucijada que recuerda un poco a esta: millones de personas aceptaron con pasmosa resignación vivir en condiciones que perjudicaban obviamente su salud. En el siglo XIX, el hacinamiento y la falta de higiene se acataron como el peaje de vivir en la ciudad. Es fácil preguntarse por qué alguien acepta vivir en la ignominia.

Quizá le consuele o tranquilice ver que sus vecinos viven igual. El caso es que la gente se acostumbró. Hasta que las muertes, las epidemias, las dificultades para circular de forma semidigna por las calles y los elevados costes de arreglar, curar, reparar animaron a introducir mejoras. Entonces se instalaron cañerías y desagües, se aumentaron los servicios de limpieza, y a todo esto ayudó el descubrimiento y la distribución masiva de insólitos remedios médicos, al tiempo que se difundían las propiedades bactericidas del sol. También se crearon las ciudades jardín, formaciones de casas que se extendían por los suburbios con la intención de que sus habitantes dispusieran incluso de un trozo de tierra donde plantar flores, árboles. Se trataba de ciudades ideales alejadas del centro urbano, pensadas para núcleos familiares. Perry fijó en cinco mil el número ideal de personas residentes en cada una de estas concentraciones. Que la idea no cuajara forma parte de otra historia. La cuestión es que se intentó, y ayudó a oxigenar ciertas vidas.

En la actual fase de emergencia climática se han multiplicado los millones de personas que asisten al progresivo emponzoñamiento de la atmósfera soportando atascos kilométricos, ruidos excesivos y una saturación visual que las incita durante horas a clavar la vista en pantallas, disparando los casos de ansiedad y estrés además de un amplio abanico de enfermedades mentales. La aceleración de las últimas décadas promovida por un liberalismo capitalista sin más norte que crecer y correr nos ha empujado a un colapso comparable al de la revolución industrial. Como ocurrió en el siglo XIX, el deterioro se ha hecho lo bastante insostenible (porque evidente ya lo era) como para que el colectivo se vea obligado a reaccionar. Dicen que la humanidad puede depender de cómo resolvamos esta crisis, que es de escala planetaria después de que la tecnología y su nueva vertiginosa velocidad mundializaran la órbita de los destrozos. Muchos expertos están de acuerdo en que el futuro está en manos de cómo transformemos la vida en la ciudad.

En 2008 el número de personas residentes en ciudades superó por primera vez a las que vivían en un entorno rural. Las emisiones y las dinámicas urbanas han generado muchos de los impactos que han trastornado al planeta, así que también hay que buscar en ellas la solución aceptando la paradoja de que, después de lamentar las consecuencias de tanta prisa, las reformas deberán hacerse rápido para que por ejemplo la temperatura del planeta no ascienda hasta un límite letal.

La única alternativa es volver al centro humano. Algunos observadores afirman que si bajara un marciano a la Tierra pensaría que está gobernada por esas máquinas de al menos una tonelada que a menudo ocupan un 80 por ciento de las ciudades. La terminología que empleamos suscribiría la impresión del visitante: a la persona que circula por la calle la denominamos «peatón». Un cambio pasa por volver a llamarla «ciudadana». Por que la ciudad crezca a partir de las personas. Y ese cambio hay que hacerlo, casi me cuesta escribirlo, rápido.

No hay margen para utopías ni especulaciones biempensantes. Hay que actuar ya de forma práctica aplicando soluciones de gran formato. El arquitecto danés Jan Gehl proponía recientemente una serie de deliciosas pequeñas acciones para renovar el espacio público. Sin embargo, hoy la microacupuntura no basta. Esos movimientos tardarían cuánto, ¿doscientos años?, en cambiar la dinámica de cualquier gran ciudad. «Tenemos muy poco tiempo y necesitamos instrumentos que nos permitan proyectar futuro en períodos limitados», afirma Rueda, quien por supuesto propone *su* supermanzana.

Es curioso que cuando se aboga por recortar, reciclar, reducir, el término de renovación urbana más esperanzador sea un superlativo. Podría parecer una estrategia para empatizar con los aires modernos, tan dados a la espectacularidad, aunque más bien se trata de un prefijo descriptivo, porque explica la adaptación de la manzana original a una metrópolis más poblada, rauda, contaminada y ruidosa. Más grande, en fin.

¿Qué es una supermanzana?

La manzana original fue presentada por Ildefons Cerdà en 1859 dentro de su plan para desplegar Barcelona. Es una agrupación de viviendas dispuestas en un cuadrado de 113,3 metros por lado cuyos ángulos se recortan con chaflanes, de modo que la figura tiene forma de octógono. El interior del cuadrado es un gran espacio vecinal, auténticas islas impermeables al exterior, y por eso en catalán reciben el nombre de *illes* (islas). Hay manzanas que han convertido su interior en parque o jardín, otras que despliegan terrazas, patios de uso público y privado...

Cerdà las alineó de forma cartesiana en el Eixample barcelonés, conformando un diseño que, cuando se desciende en avión a la ciudad, impresiona por su orden de tiralíneas. Una concentración de cuadrículas que tiene su origen en el Imperio chino, donde el urbanismo estaba integrado en la filosofía y la cosmología.

El arquitecto y urbanista Salvador Tarragó ha explicado muy bien cómo

> la geomancia (el fung-shui, el agua y el viento, y el shan-shui, el agua de la montaña) formaba parte de la cultura antigua y de la tradición de Confucio y de su discípulo más famoso, Mencio. Es a este a quien se otorga el Sistema de los 9 cuadrados (S9C) en el uso de la tierra, fuera esta rural o urbana. El mismo ideograma chino de *pozo*, 口, es la base de la definición del cuadrado dividido por dentro de nueve cuadrados, reservando el central como cuadrado sagrado para el emperador, otros nobles o funcionarios, y los cuadrados periféricos para ocho familias campesinas.

Desde entonces, la cuadrícula ha resultado la forma más eficiente en la fundación de ciudades. La cuadrícula de tipo simple se desarrolló en las ciudades romanas y en las hispanoamericanas. Cerdà fue el primero en adaptar a la modernidad el S9C de Mencio inventando la cuadrícula de tipo complejo, achaflanada. Cerdà, el propulsor mundial del urbanismo como disciplina científica, filtró centurias de conocimiento humano para producir esa ordenada constelación de cuadrículas que definen buena parte de Barcelona desde el cielo. La obra de un virtuoso de la lógica al que vale la pena biografiar un poco para entender por qué urbanizó así.

Ildefons Cerdà nació en una casa solariega de payés, en el pueblo de Centelles. Como no estaba destinado a heredar la hacienda, pudo decidir qué hacer con su vida tras criarse rodeado de campo. Se cultivó como humanista, trabó amistad con la familia del filósofo, teólogo y sociólogo Jaume Balmes –un referente internacional por sus propuestas de renovación social y política– y desarrolló ideas liberales y un carácter delicadamente intrépido que le llevó a pronunciarse con elegancia en cada conflicto de la época.

Cuando Cerdà llegó a Barcelona le impactaron las aglomeraciones humanas y la falta de higiene que la distinguían como una de las ciudades más impracticables de Europa. Después de la guerra de Sucesión, Barcelona mantenía la vocación de plaza fuerte militar, y todo ocurría dentro de las murallas porque estaba prohibido edificar fuera de ellas. A la vez, y al margen del imparable aumento de habitantes, la ciudad intentaba asumir los cambios de la revolución industrial. El resultado era hediondo. Así que de nuevo nos encontramos con una sociedad absorta en ideas perjudicialmente caducas que, llegada a un límite invivible, opta por reaccionar. Lo hizo con el plan Cerdà, que se aprobó, retocado, en 1863 ya que nadie presentó otro tan integral y que descendiera con semejante precisión al detalle. Cerdà había invertido tres años en pergeñar un plano topográfico a escala de 1:5000 que todavía nadie se explica cómo logró, porque entonces no había herramientas para apreciar la escala como él hizo. Hay capacidades sensoriales que solo depuran la vida exterior y la observación minuciosa de lo que en ella ocurre. Por eso existen mapas de la costa ártica que los esquimales trazan a base de orientación y recuerdos, y coinciden casi al dedillo con las fotografías satelitales del mismo lugar. Cerdà tenía algo de esquimal.

El de Centelles fue un talento afortunado: la enorme extensión despoblada que se extendía más allá de las murallas le permitió ejecutar su plan sin más condiciones que las geográficas. La visión renacentista combinada con el pulso matemático y la disciplina militar que, como Da Vinci, había asimilado al estudiar ingeniería de caminos le permitió imponer su vanguardista diseño de forma integral, porque abarcó la ciudad entera, e incorporó en él los valores de la naturaleza.

Cerdà era un ecologista primordial influido por el higienista Michel Levy, quien, para mitigar los efectos de las epidemias, propuso que cada habitante dispusiera de 40 metros cuadrados de espacio. El diseño de Cerdà se levanta desde esos 40 metros cuadrados. Además, su propuesta para evacuar aguas negras resulta tan clarividente como la de emplear materia orgánica como abono. Concede protagonismo a los árboles, consciente de que son captadores y neutralizadores de materia orgánica y purificadores del aire. En las calles, sitúa un árbol cada ocho metros para aprovechar al máximo sus raíces y su sombra sin robarse sol ni agua entre ellos.

Sobre el mapa, es un avanzado en la teoría de redes al preferir el diseño ortogonal al radial. Es decir, prefiere el sistema de los ríos con sus redes de afluentes al de un gran astro central rodeado de satélites. Uno de sus propósitos es equiparar la importancia de cada espacio, hacerlos igual de cómodos y respirables. Al mismo tiempo, apuesta por la ciudad compacta que reúne a miles de personas en no demasiados kilómetros, partiendo de la premisa de que, para que corra el aire, la anchura de la calle (20 metros) siempre será mayor que la altura de los edificios (16).

Otra forma de conciliar la concentración de edificios y personas con un ambiente respirable es preservar grandes extensiones de espacio «verde» en el interior de las manzanas. Para Cerdà, «verde» significaba más bien «libre», pero en cualquier caso se trataba de un espacio limpio y franco disponible para el vecindario.

Entre las virtudes creativas de Cerdà destaca la de anticiparse a la nueva civilización del movimiento, advirtiendo que «cada modo de locomoción genera una forma de urbanización». Diseñando calles rectas que atravesaban de punta a punta la ciudad favoreció el curso del tren, y «con el viario de veinte metros de anchura se adelantó cincuenta años a la aparición del coche», señala el historiador Joan Tort, que admira el legado de aquel «visionario» capaz de recortar las esquinas de los cruces para convertirlas en chaflanes que sirvieran como plazas.

Cerdà intuyó el futuro pero se le escapó el volumen que iba a tener su intuición. Aun previendo el flujo de máquinas motorizadas, no logró adivinar las inminentes avalanchas de vehículos, a las que Le Corbusier se adaptó proponiendo las divisiones de 400 x 400 metros para agilizar el tránsito rodado. Para urbanizar el coche, en fin. Pero Le Corbusier tampoco alcanzó a calcular que la ciudad acogería seis millones de desplazamientos diarios en un día laboral, muchos de ellos realizados en automóviles que coparían aquellas calles anchas como avenidas.

Todas las soluciones empezaron a desfasarse en los años sesenta del siglo XX, cuando el desarrollismo galopante se aplicó a destruir el *skyline* de Barcelona imponiendo edificios de hasta ocho plantas donde antes eran de tres. En los ochenta, el deterioro casi dolía. El fin de la dictadura y el optimismo económico inoculado por la Transición, estimulado por las boyantes fábricas de motos y coches, distinguieron al automóvil como objeto de deseo, como símbolo de éxito. Y sometió a las ciudades a su imperio.

De modo que, cuando en 1987 Rueda propone reinventar Barcelona a partir de un modelo inspirado en el legado matemático-naturalista de Cerdà, que consiste, entre otras cosas, en reducir el número de automóviles que circulan por la ciudad, la idea no prospera. La industria del motor ya daba trabajo a miles de personas, movía un negocio grandioso. El humo significaba progreso y modernidad. El campo se abandonaba en busca del chisporroteante meollo del asfalto, el hormigón y los carburantes. ¿Supermanzana? Fue como pretender deslizar poesía en el paraíso de los robots. ¿Qué es eso de supermanzana?

Volvamos al avión que sobrevuela la constelación del Eixample. Para perfilar una supermanzana basta reunir nueve de esas manzanas que se alinean ahí abajo en un supercuadrado de tres (manzanas verticales) por tres (horizontales). En el interior de esos dieciséis mil metros cuadrados habitan unas seis mil personas, no tan lejos de las cinco mil propuestas por Perry, y 480 personas jurídicas (desde tiendas hasta asociaciones, instituciones, bufetes de abogados, centros culturales...).

Luego, el secreto está en la normativa, que obliga a reducir tanto el tráfico rodado como la velocidad –diez kilómetros por hora– de los vehículos que transitan por su interior. La supermanzana promueve que los niños jueguen en la calle o el paseo a ritmo de charla. Una buena conversación pausada requiere no caminar a más de cinco kilómetros por hora y un ruido ambiental inferior a los 65 decibelios. Sin embargo, muchos puntos de las ciudades aún están sometidos a más de 65, y la causa son los coches.

La disminución de autos y la proliferación de espacios verdes permiten rebajar varios tipos de contaminación y escucharnos en condiciones, mientras los vehículos expulsados del circuito se despliegan por las vías reservadas para la circulación rápida. Otras implicaciones son recuperar la vida en la primera planta. En verano, sacar las mesas de casa a la calle. Que los niños salgan fuera a jugar, incluso que vayan al colegio solos. Menos polución. Aparte de un notorio descenso de decibelios.

Quizá influido por su mapa del ruido, Rueda aspiraba a volver a escuchar en la ciudad los pájaros que se habían marchado. Pero para lograr algo así no basta con poner una supermanzana aquí, otra allá. Se necesita una transformación completa, que los cambios en un barrio determinen al siguiente, y este al de al lado, y así. De modo que el auténtico plan pasaba por implantar quinientas supermanzanas con el objetivo de liberar un 70 por ciento del espacio público que por entonces se dedicaba a la movilidad. En concreto 503. Para empezar a lograrlo «bastaría» cambiar un puñado de semáforos y reducir en un 13 por ciento el número de vehículos en la metrópolis. Imagina a alguien sugiriendo esto hace más de treinta años. En el apogeo de la burbuja inmobiliaria. Con las fábricas de automóviles funcionando a destajo. A las puertas del penúltimo *boom* tecnológico que saturaría de máquinas nuestras vidas con internet, pantallas y redes sociales. A un paso del «España va bien».

Iluso. Ingenuo. Hippy. Megalómano.

Pero.

Siempre resulta exótico tener a un soñador en el equipo, y como en la práctica Rueda hacía cosas que salían bien (cambiar la red de autobuses multiplicando su eficiencia) y por probar no pasa nada, le cedieron unas cuantas calles del Born que, pese a la estrechez de su callejero enrevesado y de ofrecer un diseño muy distinto al de los conglomerados octogonales del Eixample, servirían para ensayar.

La intervención siguió el guion que después se ha repetido. De entrada, a los vecinos no les gustó la idea. El rechazo a cambiar hábitos es el sempiterno primer escollo. Luego, tras cerrar algunas calles al tráfico, ampliar aceras y quitar bordillos hasta crear una plataforma común compartida al mismo nivel, o casi, por conductores y caminantes, el barrio se oxigenó, atrayendo a multitud de paseantes que se sentaban en un banco o se detenían a respirar y mirar en la gran plaza que hay frente al remodelado mercado del Born. Se trata de una zona turística que, si bien siempre fue transitada, pasó a ponerse de moda. Los alquileres subieron. Las tiendas de marcas famosas abrieron escaparate allí. Era 1993.

Cuesta comprender por qué alguien sin intereses en ciertas industrias puede oponerse a un proyecto de este tipo, concebido para que las personas vivan mejor y, así, aumentar su supervivencia. Vivir más y mejor parece una apuesta segura. No se trata tan solo de facilitar el día a día sino de afinar nuestros sentidos para disfrutar más a fondo el entorno, acariciando una felicidad que sin duda alarga la vida. Escuchar pájaros desde casa proporciona un placer que rescata ancestrales sensaciones de calma y conecta con una tranquilidad natural.

El sonido actúa de manera subrepticia sosegando o agitando, y entre la montaña de datos acumulados para saber en qué tipo de ciudad vivimos, hay uno que, después de mi episodio de sordera, retuve con singular atención. En su afán por convencer a los poderes fácticos de que las supermanzanas mejorarían la ciudad, la Agencia de Ecología Urbana participó en una serie de estudios para observar hasta qué punto las distintas agresiones fruto de la megaconcentración repercutían en nuestra salud. Y cómo lo harían en el caso de que existieran supermanzanas.

Según los datos, la implantación de este modelo podría prevenir 667 muertes anuales en Barcelona. De ellas, 163 se atribuían al ruido. Fue una sorpresa que el estudio señalara de forma directa algo tan aparentemente etéreo como el ruido. Las partículas tóxicas en el aire no suelen ser muy visibles, y aún menos el efecto isla de calor que hace aumentar la temperatura por el exceso de asfalto y la falta de vegetación, pero de algún modo me di cuenta de que podía asumir, comprender, aceptar mejor las 291 muertes atribuidas a la polución y las 117 achacables al calentamiento que esas 163 venidas de no sabía bien dónde. Así que, cuando empecé a pasear por las supermanzanas con la intención de entender mejor la idea que proponían, afiné los oídos para ver qué diferencias captaba entre ellas y el resto de la ciudad.

En 2000 había realizado un experimento similar, pero con variaciones que hoy se antojan reseñables. Gracias a una colección de libros de viajes pagada como antes se pagaban los proyectos literarios ambiciosos, pude instalarme tres meses en Nueva York para captar el pulso de esa ciudad en el cambio de milenio. Abrumado por las prisas que veía en la calle, por la juventud y por mi obsesión (creo que muy común) de la época, que tenía que ver con exprimir el tiempo al máximo, decidí cronometrar Manhattan. Es decir, me puse a medir cuánto tardaba en recorrer a pie una calle, una avenida, una manzana de Chelsea o del Uptown. El tiempo sería el eje desde el que describir Nueva York.

Ahora sé que Broadway de punta a punta mide cuatro horas diecinueve minutos y cuarenta y cuatro segundos, más o menos. Fue una experiencia multisensorial, porque estaba pendiente de todo, aún más en los tramos que alguna gente había descrito como complicados, el Harlem alto y Washington Heights –aunque yo era residente de aquella zona por entonces dominicana y sabía que la gente exageraba sobre los peligros de la vida allí–. Fue una caminata en la que la vista, el oído y las piernas se emplearon singularmente a fondo, sometidos a una zancada vigorosa mientras consultaba con frecuencia el reloj.

Veinte años después, afronté una exploración que traía ecos de aquella si bien resultaba esencialmente distinta porque esta vez iba a caminar una ciudad que conocía desde niño, sin dar al tiempo demasiada importancia y procurando aguzar todos los sentidos, aunque prestaría algo más de atención al oído. Todavía no había muchas supermanzanas que pasear, de modo que opté por seguir el orden en el que habían sido fundadas. Por eso, después de recorrer el Born, me dirigí a la zona intervenida de Gràcia, que es el barrio donde vivo.

La peatonalización de Gràcia es consecuencia de las buenas sensaciones que dejó la del Born. Eso sí, para la segunda y tercera supermanzana volvió a escogerse un callejero intrincado donde la circulación escasa y lenta eran seña de identidad, y cuyos retoques no alterarían a los usuarios de las grandes avenidas, que podrían seguir conduciendo sin cambiar rutas ni hábitos. Antes de peatonalizarlas, las zigzagueantes callejuelas de Gràcia ya mantenían niveles de polución muy por debajo de la media urbana, y la implantación de aquellas supermanzanas los rebajó aún más. Hoy continúa siendo así, de modo que descender por sus calles para casi de pronto aparecer en la Diagonal supone un auténtico salto en el tiempo y en la percepción.

En la gran avenida que traspasa la ciudad, el bramido de los motores se combina con los chorros de dióxido de carbono expulsado por miles de tubos de escape de vehículos que ruedan sobre un asfalto del que se desprenden millones de partículas contaminantes. Entre esa larguísima línea recta y las calles que limitan con la ciudad antigua se extiende la vastedad que comprende 220 manzanas del Eixample, cuyas arterias ofrecen oleadas de ruido y gas que, viniendo de la encapsulada Gràcia, se reciben como un impacto y hacen echar de menos, antes que nada, el silencio. Los árboles no se añoran, la Diagonal está flanqueada por ellos, pero desde luego que no bastan para absorber las toneladas de CO_2 expelidas por tantas máquinas al unísono. Sin duda, falta verde. Espacio verde en el antiguo sentido del término: espacio libre para el uso de las personas a pie. Algo que quieren traer las supermanzanas, como su afrutado nombre indica.

Las supermanzanas primigenias de Gràcia y el Born metieron árboles con calzador en sus estrechísimas aceras. Pero ahí están, creciendo pese (¿o gracias?) al suelo permeable y el espacio constreñido, su presencia como una declaración de intenciones.

El árbol es un fijador de CO_2. Absorbe el gas que, por ejemplo, lanzan los vehículos a la atmósfera y lo devuelve convertido en oxígeno, purificando el aire. Ocurre lo mismo con mucha otra vegetación, y por eso el plan consiste en reducir el volumen de vehículos mientras se multiplica el arbolado y los espacios verdes, pero verdes de verdad. De ahí que en 2017

Barcelona prohibiera usar glifosato, el herbicida que liquida la vegetación presuntamente antiestética. Si hasta hace muy poco la idea de pulcritud municipal pasaba por esquilmar los brotes silvestres, ahora se trata de estimular el verde allí donde pueda crecer. Algunos gestores se han dado cuenta de que lo impoluto es una trampa literalmente mortal, porque para que la vida se reproduzca saludable necesita un mínimo de bacterias, musgos, líquenes, hongos que azucen la biodiversidad alrededor. En la ciudad también.

El deseo de purificación acelerada está procurando exóticas plantaciones urbanas por todo el mundo, sobre todo en lugares donde los destrozos medioambientales requieren una intervención rápida. Ahí tenemos a Texas, con su proyecto de higienizar los terrenos contaminados por la erosión del suelo y los vertidos químicos a base de kiris, unos árboles japoneses capaces de absorber 21,7 kilos de CO_2 al día y transformarlos en seis kilos de oxígeno. Si se adaptan al clima, plantar kiris puede ser una tolerable medida de urgencia, pero más importante será revertir las dinámicas que hacen recurrir a él. De ese modo, podrán plantarse especies autóctonas que interactúen con el entorno de una forma natural. La opción del kiri entronca con las ideas de quienes pretenden cambiar la atmósfera a fuerza de artificios, como provocar lluvia haciendo estallar nubes o airear ciudades decapitando cumbres de montañas: acciones desesperadas que estructuralmente no cambian nada.

Una ciudad debe saber ensuciarse para reforzar sus defensas, como cualquier organismo. De hecho, *ensuciarse* es una palabra injusta por peyorativa, que no honra los beneficios de un musgo bien puesto, de un hueco de árbol astutamente olvidado por los servicios de limpieza con la intención de crear el ambiente idóneo para que ahí anide algún pájaro. Esos olvidos son ahora política metropolitana. Barcelona ya no quiere estar tan guapa, prefiere la salud. Hace unos años, se impulsó la campaña «Barcelona posa't guapa», un plan de reformas urbanas que restauró muchas fachadas siguiendo un patrón de belleza ultrahumano. El acicalamiento incluyó tapar infinidad de agujeros en cornisas, aleros, terrazas, dejando sin casa a cientos o miles de golondrinas, entre otros pájaros. «Si emprendes un plan, debes pensar en cómo va a afectar a tu fauna. O no tapas los agujeritos o pones cajas nido. Hay que incluir a los animales en los planes de restauración. Esto que hasta hace muy poco podía parecer una marcianada ya no lo es», dice Francesc Llimona desde la estación biológica del Parque Natural de Collserola, atento a la creación de corredores ecológicos entre el parque y la ciudad. «La biodiversidad se explica por los agujeros, por los organismos que se pudren –añade–. Y hay que tener claro que donde haya bichos estaremos mejor.»

Indagar en las posibilidades de las supermanzanas me hace pensar en Lisboa. Hubo un tiempo en el que paseé mucho por su Bairro Alto, disfrutando de las tejas tiznadas de microorganismos, las paredes levemente desconchadas, los vendedores que asaban sardinas y pollos en parrillas al aire libre sobre el empedrado. Algunos turistas comentaban la fascinación que sentían por esas calles «decadentes» que para los portugueses son la vida misma, tocada por el sentimiento al que llaman *saudade*, la impetuosa nostalgia que define su manera de estar en el mundo y que, urbanísticamente, se traduce en un desaliño *al dente*, ni excesivo ni sospechoso de coquetería, que sublima la simbiosis entre edificios, animales –menudeaban perros, gatos, pájaros atlánticos...– y personas. Nunca lo pensé en esos términos, solo paseaba deleitándome en la comunión con el espacio, pero ahora atisbo que lo que ese tipo de barrio emanaba era una fórmula para vivir mejor. El verde y el desecho relativo acercan a la naturaleza. Nuestras imperfecciones dan una oportunidad a otros seres cuya presencia, aunque a veces no lo parezca, enriquece el conjunto. Una ciudad algo imperfecta se aproxima a la textura humana.

Cuando al cabo de unos años volví a Lisboa, el *bairro* había sido restaurado de una forma impecablemente impersonal, eliminando desconchones y chefs callejeros cuyas brasas habrían parecido incongruentes junto a las nuevas tiendas de moda.

Numerosas ciudades han seguido la misma tónica de hermoseo, si bien algunas han detectado los hándicaps de esa opción y están volviendo al espíritu del antiguo Bairro Alto, respetando cierto deterioro natural y plantando verde en cualquier rincón asequible. Los huertos urbanos, que hasta anteayer parecían una afición de abuelos, conquistan espacios a menudo gestionados por grupos de jóvenes que consumen y venden en mercadillos los vegetales que ellos mismos cultivan. Con la progresiva reducción de vehículos, la idea es ganar nuevos rincones para el tomate o el calabacín. Algunos de esos espacios conquistados podrían ser superficies duras reconvertidas en parques, jardines, arboledas. Es una forma de paliar el efecto isla de calor que llega a disparar la temperatura en el centro de Barcelona hasta ocho grados por encima de la registrada en las afueras. El reflejo estadístico de este sobrecalentamiento son 117 muertes anuales causadas por «el calor» y 60 por falta de espacios verdes.

Está demostrado que plantear la emergencia desde sus números trágicos afecta mucho más que, por ejemplo, gritar: ¡se han superado los niveles de polución límite! Los muertos facilitan comunicar que es prioritario multiplicar el verde no solo para absorber el CO_2, tres veces por encima del nivel permitido, y bajar la temperatura media de la ciudad, sino también para crear una buena red de amortiguadores acústicos, porque las frondas de árboles, plantas y arbustos son colchones naturales. Más verde también significa menos asfalto, que a su vez significa menos polvo y partículas tóxicas en suspensión desprendidas del roce entre la brea y millones de neumáticos frotando. El polvo levantado por las ruedas supone casi la mitad de la contaminación por partículas que respiramos. Este envenenamiento es tan flagrante que, además de con vegetación, se pretende combatir cambiando el asfalto tradicional por suelos permeables que favorezcan la filtración del agua de lluvia y retengan el líquido en las diferentes superficies vegetales. Conviene que el suelo se empape. La vegetación protege el suelo de la insolación y de los aguaceros, limitando de manera natural la emisión de partículas tóxicas y refrescando un entorno que se calienta a velocidad pasmosa: Barcelona ha pasado de tener cinco noches al año por encima de los 25 grados entre 2006 y 2017 a sudar veintiuna en 2020. Por eso los expertos han cambiado el concepto «noche tropical» por el de «noche tórrida».

Los niveles de basura atmosférica han batido tantos récords y el pronóstico es tan inquietante que, para convencer a la población de que hay que reaccionar ya, el Ayuntamiento de Barcelona ideó un eslogan a tono con la emergencia. De todas formas, y pese a las hecatombes que desde hace años se divulgan en cadena por la tele, no habría dejado de sonar como un eslogan resultón de no ser porque la cronología ayudó a crear un clima preapocalíptico de manual, y es que, en cuestión de un mes, los ciudadanos de Barcelona asistieron a una especie de tormenta perfecta en la que muchas de las devastaciones que hasta ahora achacaban a territorios lejanos o aparecían en las películas de ciencia ficción se desencadenaron, al principio, en un radio más bien cercano, hasta confinarles finalmente en su propia ciudad. A la explosión de una central petroquímica en Tarragona (a una hora en tren) le siguió una insólita tormenta que mató a trece personas y engulló varios kilómetros del delta del Ebro, amontonando millones de detritos, muchos de ellos plásticos, en las orillas de las playas, como si el mar estrenara una exposición sobre nuestra ignominia. Esto permitió solidarizarse de un modo más esencial con los australianos que pocas semanas antes habían sufrido los incendios más arrasadores que se recuerdan. Y ahí fue donde los barceloneses comprobaron por la vía de la experiencia directa que aquellos desastres de las antípodas podían estar realmente vinculados a los suyos, y no cuesta recordar que, en septiembre, España había recibido el primer ciclón mediterráneo de su historia ni que el nuevo y contagioso y letal coronavirus se ha extendido por el mundo desde la ciudad china de Wuhan con la potencia de una de esas plagas que mucha gente creía irrepetibles.

Pandemias planetarias, explosiones de centrales químicas, incendios que no dejan ver el sol durante días y un Mediterráneo sacudido por devastadoras tormentas y ciclones. En un mes. Todo parece razonablemente vinculado a los desmanes que la humanidad comete desde hace tiempo, y avala como nunca el eslogan lanzado por el Ayuntamiento para emprender un plan cuyo objetivo es la masiva siembra de supermanzanas:

Esto no es un simulacro.

Ese es el eslogan. Por el miedo nos convencerán. Solo que ahora la cosa, el eslogan, va en serio.

Entrar en alerta real implica actuar con rapidez y eficacia, y por eso la Gran Apuesta Verde, que es de lo que hablábamos antes de la digresión, quiere amortizar cada hueco.

El experto en neurobiología vegetal Stefano Mancuso ha escrito:

Nuestras ciudades son las responsables de la producción de la mayor parte del CO_2. Deberían estar totalmente llenas de plantas, y no solo en los espacios destinados a ello (parques, jardines, avenidas, parterres, etc.), sino por todas partes, literalmente: los tejados, las fachadas de los edificios, las calles, las terrazas, los balcones, las chimeneas, los semáforos, los guardarraíles, etc. La regla debería ser bien sencilla: allá donde pueda vivir una planta, debería haber una.

El coste de estas medidas sería irrelevante, mejoraría de mil maneras la vida de las personas, no exigiría ningún cambio de costumbres (como ocurre con otras alternativas) y tendría un gran impacto en cuanto a la absorción de CO_2. Defendamos los bosques y cubramos de plantas nuestras ciudades; lo demás llegará por sí solo.

Barcelona ha hecho suya la estrategia de ocupar con hierba, árboles, plantas, cualquier espacio libre, por pequeño que sea, desde zanjas a parterres, creando una malla de microclimas saludables que aproveche incluso las azoteas, donde una buena cubierta verde garantiza edificios térmicamente aislados en invierno y más frescos en verano.

Las azoteas son un mundo por «naturalizar», como dirían los especialistas. Ahí arriba hay miles de hectáreas (fragmentadas) que se pueden ir conquistando con paciencia, educación medioambiental y un desembolso progresivo, porque hay pocos edificios arquitectónicamente preparados para poner vegetales en la azotea, y las reformas cuestan dinero. Es una cuestión de peso: las plantas retienen mucha agua, lo que aporta un peso adicional que podría hundir el suelo. Acondicionar las azoteas exige una inversión comunal, si bien el Ayuntamiento parece dispuesto a colaborar con los vecinos subvencionando las reformas parcialmente e indicando que esas superficies proporcionan protección de los rayos ultravioletas, limpian el aire, controlan la escorrentía de agua de lluvia, ayudan a aves y mariposas, enfrían las casas en verano y las aíslan en invierno. Como, además, el coste económico inicial se ve compensado por la larga duración de las terrazas verdes, el eslogan de esta campaña es «Quien tiene una cubierta tiene un tesoro».

En San Bruno, California, se comprobó que la azotea vegetal situada en la oficina de la empresa Gap reducía la transmisión de sonido en cincuenta decibelios y proporcionaba una estupenda barrera acústica para el cercano tráfico aéreo. Y uno de los edificios verdes más ambiciosos de este siglo, el Centro Adam Joseph Lewis para Estudios Medioambientales en el Oberlin College de Ohio, dispuso parrillas de paneles fotovoltaicos que, junto con una división de bombas geotermales, generaban toda la energía necesaria para abastecer al edificio. Por estos y otros motivos se dijo que el edificio Oberlin «es el que más cerca está de llegar a ser la metáfora de una estructura que funciona como un árbol».

La azotea verde da pie al huerto aéreo, certificando que los huertos urbanos también se expanden en vertical. Barcelona tenía quince huertos que cultivaban jubilados elegidos por sorteo anual, pero desde hace menos de un lustro se han empezado a sembrar tomates, zanahorias o calabazas en rincones imprevistos. Llueven las peticiones de permisos para cultivar huertos comunitarios, y si no se conceden más es, de nuevo, por la ley. Las últimas demandas sociales requieren actualizar leyes de manera urgente porque, si es verdad que «esto no es un simulacro», los cambios deberán ir más allá de los conductores y los contenedores de reciclaje. No se trata solo de abandonar hábitos nocivos, sino de apostar por los que regeneran. Y esto también pasa por cambiar leyes y reencauzar varios flujos de dinero.

Azoteas y huertos deberían ser la guinda de la transformación más profunda que consiste en replicar el efecto *saudade* en toda la ciudad, imprimiéndole esa poética y humana dejadez fruto de, por ejemplo, limpiar un poco menos los caños de las fuentes para que algunos microorganismos crezcan en sus bordes; o de colocar un tronco tieso en el parque, a merced de los pájaros e insectos que quieran usarlo de algún modo, como posadero o refugio.

Para alcanzar la *saudade*, hay un punto de inflexión: acabar con el glifosato, ese herbicida que termina con cualquier conato de verde. Hasta ahora, ha sido el aliado ideal del hormigón y el asfalto, con la complicidad de un vocabulario popular que proscribe las excrecencias salvajes denominándolas «malas hierbas» y, más o menos, concede al químico el derecho a liquidarlas. El glifosato se ha erigido en el implacable garante del orden antinatural que hoy rige tantos pueblos y ciudades. Pero parece que le está llegando la hora, pese a las reticencias de muchos ciudadanos, que toleran tan mal la aparición de verde indomable en la acera frente a su casa, como el enmusgamiento del hueco de un árbol o que no se poden las ramas de los frutales.

«Es una cuestión de mentalidad. La hierba nunca es mala», dice Coloma Rull, que, aunque lleva muchos años trabajando en tareas medioambientales, continúa sorprendiéndose ante la cantidad de cartas y emails que los barceloneses envían a su departamento (Espacios Verdes y Biodiversidad) y a los medios de comunicación quejándose por unas estampas que atribuyen al abandono.

La pulcritud exacerbada hasta el equívoco quizá sea una respuesta popular a las indignidades padecidas durante la revolución industrial, con todos aquellos episodios de epidemias, infecciones e inmundicias; o podría derivar de los hábitos de muchos emigrantes venidos del campo, acostumbrados a separar claramente los espacios de trabajo, de higiene y de circulación estableciendo fronteras cartesianas entre verde y asfalto, entre humano y animal. El caso es que a muchas ciudades modernas todavía se les indigestan los tallos demasiado altos, las ramas largas o las grietas repletas de vástagos. La animadversión por el verde aparentemente descontrolado sumada a la placentera seguridad que proporciona el regular corte de un césped inglés resume el espíritu que se ha instaurado en tantas ciudades, donde lo metódicamente delimitado gusta y lo ligeramente silvestre no. Donde lo bueno se asocia a vigilancia y lo malo a –exagerando un poco– seres con más libertad de la cuenta. Como la naturaleza no respeta ese patrón, ahora hay que indicar que quizá nos convenga ser un poco más silvestres.

Francia es una referencia en el tema. Ciudades como París y, sobre todo, Lyon sensibilizaron hace años a una opinión pública que no solo entiende las necesidades de naturalizar su entorno, sino que pide naturalizar más. Barcelona se fija en Lyon, y está sustituyendo plantas invasoras como el pennisetum o el azahar de la China por durillos y jaras blancas, que son especies autóctonas y por lo tanto mejor adaptadas. Los pensamientos y ciclámenes reproducidos en invernadero ceden paso a gramíneas locales, que viven más tiempo, atraen a más polinizadores y fauna y, al contrario de las plantas foráneas, no necesitan ser replantadas al final de temporada.

«Hay gente que se ríe cuando hablamos de hoteles de insectos», dice Coloma Rull, defensora de multiplicar esos refugios frecuentados por crisopas, tijeretas, abejas, avispas y otros polinizadores clave para apuntalar las plantas autóctonas que se están volviendo a sembrar en la ciudad. También hay un plan para salvar diez especies de orquídeas maltratadas por los estragos que causan los jabalíes, esos nuevos gamberretes de extrarradio.

Como esto no es un simulacro y se trata de rentabilizar cada fuerza, se están devolviendo especies a la tierra a la que pertenecen, que es donde aportan más a su entorno. La pregunta es por qué alguien las había expulsado de ahí. La respuesta aturde tanto como ilustra sobre el mundo que el ser humano lleva años moldeando para satisfacer su propio gusto, que en este caso sería una idea de belleza: al durillo y la jara blanca los habían desterrado unos profesionales de la gestión urbanística preocupados sobre todo por el valor ornamental de las plantas.

«Hasta hace muy poco, Parques y Jardines no se

regía por criterios ecológicos –me dijo alguien que conocía el asunto tan de cerca que no quiso ser nombrado–. Esos espacios los diseñaban gestores.» Ante los evidentes desequilibrios, el departamento empezó a escuchar de otra manera a ecólogos y biólogos, y ahora la idea es añadir 160 hectáreas de verde (lo más autóctono posible) a las 1.200 ya existentes en la ciudad.

De todos modos, cuando Gràcia se peatonalizó en 2006, ecólogos y biólogos aún no pintaban gran cosa, pese a que las alarmas medioambientales comenzaban a sonar más fuerte. Se reproducían los ejemplos del deshielo en los polos, aumentaba el número de especies extinguidas o en peligro, las plagas se disparaban en diversas zonas del mundo y ya se definía a los exiliados climáticos como uno de los principales problemas del siglo XXI. Pero para la mayoría de la población aquello todavía eran las elucubraciones hiperbólicas de unos cuantos alternativos a los que podías dar la razón solidarizándote en espíritu sin mover un dedo, como tampoco lo iban a mover los gobiernos.

Para enfrentar una transformación de 503 supermanzanas se necesitan grandes consensos políticos, que solo suelen producirse cuando existen líderes responsables o una emergencia, más que evidente, invasiva. Durante dos décadas no se dieron las circunstancias, y los indiscutibles beneficios de las supermanzanas continuaron constreñidos a barrios automovilísticamente invisibles.

En cualquier caso, abordar con garantías un ajuste de escala metropolitana requiere hacer otros retoques antes, y la movilidad es la llave del cambio duradero. Una movilidad de baja calidad no lleva muy lejos. Por eso Rueda se preparó perfeccionando la red de autobuses. Había propuesto intervenirla en 2002. Los políticos no lo avalaron. Entonces, en 2006, Rueda viajó a Vitoria.

El piloto en Vitoria

No hay anticipación sin cultura y espíritu crítico, y en Vitoria habían trabajado ambas cosas. José Ángel Cuerda tuvo mucho que ver. Cuerda fue el primer alcalde de Vitoria-Gasteiz elegido en democracia después de la dictadura. Mediaban los años setenta, había lidiado en conflictos que incluían torturas y muertos, y si en un contexto de tensión extrema había salido adelante, se vio con fuerzas para defender un modelo de ciudad en el que creía, por muy a contracorriente que fuera. Hace cuarenta años promocionar los carriles bici o negarse a que la ciudad se derramara por una planicie vitoriana absolutamente favorable a la expansión inmobiliaria no era muy popular. Además, Cuerda gobernaba sin mayoría absoluta, así que su tarea cotidiana consistía en convencer a los discrepantes. Hoy lo llaman visionario, aparte de negociador.

En los años ochenta, Vitoria había peatonalizado buena parte de la ciudad e implantado un nuevo régimen de aparcamientos, pese a la presión de los comerciantes, que temían que la disminución del tráfico de coches mermara sus ventas. El efecto fue el contrario. Al demostrar el acierto de su propuesta, los políticos se ganaron la confianza de los vecinos, que en adelante iban a escuchar con otra actitud las futuras sugerencias.

Hoy, Vitoria es una ciudad donde lo natural es caminar. El coche queda siempre en algún lugar lo bastante lejos, expulsado de un centro ocupado por personas a pie. Junto a Cádiz o Pontevedra, destaca como una de las ciudades más paseables de España. El año 2007 fue el que la distinguió así. Por entonces, la ciudad funcionaba apreciablemente bien a excepción de la movilidad. Como en todas las ciudades, la población aumentaba, los coches también, y los cálculos y planes urbanos de épocas anteriores se veían desbordados por el incremento de la contaminación, la siniestralidad.

En 2006, Juan Carlos Escudero y su equipo para la innovación y sostenibilidad urbana ya conocían a

Salvador Rueda y el proyecto de las supermanzanas y sabían que para contener la polución, los accidentes y el ruido había que empezar por rediseñar la red de transporte público. Lanzaron la propuesta al despegar las elecciones municipales, y fue protagonista en la campaña. Habitantes, medios de comunicación y políticos coincidieron en que se trataba de un proyecto ilusionante, de modo que, una vez constituido el nuevo consistorio, se aprobó el plan que cambiaría el trazado de autobuses, y en 2007 empezó a ejecutarse.

«Durante año y medio fuimos barrio por barrio para explicar la idea a la gente», dice Escudero. A menudo se encontró con algunos vecinos enfadados, porque la reformulación del dibujo había eliminado la línea de bus que a ellos les iba bien, y ahora debían caminar unas decenas de metros más de lo habitual. «Piense que pierde una línea pero gana una red», respondía Escudero.

Para descongestionar las calles, Vitoria pasó de tener dieciocho líneas de buses a siete. Mucho más precisas y con enlaces bien conectados, pero siete. El cambio se llevó a cabo en una noche. El primer día, el alcalde subió a un bus para hacer el viaje inaugural. Estaba inquieto. Era la primera vez que Vitoria modificaba la red a esa escala, y afectaría a la ciudad entera. Pese a lograr que diputados con ideologías en las antípodas votaran a favor del gran cambio, los rivales políticos más inclementes, algunos vecinos y varios medios de comunicación habían propagado su escepticismo intentando contagiarlo.

Se anunció que los buses pasarían cada diez minutos sin falta, porque la exactitud resultaba decisiva para mantener los flujos de un tráfico que debía ser más vivaz, liberado de un buen número de grandes trastos rodantes que ocupaban y ralentizaban la circulación diaria. El trayecto del alcalde fue ágil, cumpliendo horarios.

Durante la jornada, el alcalde preguntó cómo funcionaba el bus a la gente que esperaba o descendía en paradas. Los viajeros se mostraron satisfechos pero, sobre todo, Rueda recuerda a un señor que viajaba en el bus junto a él.

–¿Qué tal el autobús? –preguntó Rueda–. ¿Es puntual?

–He estado más de una hora en la parada de autobuses para comprobar que cumplen lo que han prometido.

–¿Y qué?

–Pasan cada diez minutos clavados. Van bien.

Con la nueva red en marcha, se activó la primera supermanzana. La combinación de una red de buses dinámica, que desplazaba viandantes alrededor de un gran espacio urbano sin prácticamente coches, ofreció una estampa real que menos de un siglo antes algunos habían imaginado como su ciudad idílica. La supermanzana de Vitoria se convirtió en el piloto listo para enseñar a quien deseara aplicar ese modelo en su ciudad.

Una delegación de políticos y urbanistas barceloneses viajó a Vitoria para observar cómo la nueva red de autobuses oxigenaba la ciudad con una supermanzana en pleno centro. Tras certificar en Vitoria lo que Rueda llevaba siete años defendiendo que se hiciera en Barcelona, el Ayuntamiento mediterráneo decidió transformar su red de transporte urbano. El paso previo para, quizá, apostar más adelante por unas cuantas supermanzanas ubicadas en enclaves más transitados y, por lo tanto, conflictivos que los de Gràcia y el Born.

Hablar de supermanzanas o urbanismo es hablar de poder. Cualquier plan de ciudad pasa por el beneplácito no solo de los políticos, sino también de los técnicos que trabajan para el gobierno. Ambos grupos se reparten la potestad de intervenir en nada menos que el espacio público, donde tanto ocurre. Y ambos están influidos por industrias que los presionan para que atiendan a sus intereses.

Por eso, antes de llegar a disfrutar de las hojas, los halcones o las azoteas verdes, la ciudad debe superar agrias disputas de poder. El poder es como el ruido: lo inocula todo, aunque no sepas muy bien de dónde viene, ni quién lo proyecta o ejerce. Un técnico, por ejemplo, puede paralizar cualquier cosa. Puede encontrar o inventar inconvenientes que impidan ejecutar un plan maestro alegando, claro, cuestiones técnicas. Hay estupendas historias de gobernantes que aprobaron leyes que nunca se materializaron, neutralizadas por la capa técnica. El poder de esta capa ya inquietaba a Lewis Mumford en 1961, el soñador de ciudades que dedicó un buen grueso de páginas a lo que denominó «la personalidad burocrática», desarrollada por esas personas acomodadas a las inercias reinantes cuyo humor a menudo determina que prospere un proyecto o no.

Cuando el burócrata y el político reciben la presión de la industria, tienden a actuar de manera parecida. En el caso de las supermanzanas, hay muchas tensiones en liza, si bien buena parte de los analistas coincide en señalar que la tensión que hizo que Rueda tuviera que enseñar en Vitoria el plan que ideó para oxigenar Barcelona provino de la industria del automóvil. La misma que apretó de lo lindo cuando, con la nueva red de buses consolidada, el Ayuntamiento impulsó la supermanzana en el barrio de Poblenou. Y eso que se tomaron precauciones al elegir una zona periférica de nueva planta, a la salida de la ciudad y con flujos de tráfico no muy grandes. Pero Poblenou está a orillas del tuétano metropolitano y algunos lo vieron, con razón, como un experimento ya bastante fiable para evaluar las posibilidades de una implementación de supermanzanas a mayor escala. Un aparente simulacro que, si salía bien, *amenazaba* con hacerse realidad.

La batalla del espacio

Al automóvil convencional no le gustan las supermanzanas, mucho más adecuadas para la bici, el patinete y otros medios de locomoción de poco peso y sin motor de combustión, ideales para deslizarse no muy rápido y en considerable silencio por callejuelas, plazas o carriles lentos. Pero al automóvil no le gusta nada. Normal, porque cada metro ganado por ellas significa unos cuantos automóviles menos. No tantos, pero sí unos cuantos. Un problema para un sector poco acostumbrado a las restas.

La industria del automóvil es la que invierte más dinero en publicidad. Lo percibí hace años sin necesidad de estadísticas, pero, como las pasadas Navidades ya andaba dando vueltas a este libro, la omnipresencia de los coches, sobre todo en televisión, me abrumó casi más que la de los perfumes. Había coches y colonias por todas partes, y la combinación se antojaba curiosa porque, si bien la mayoría de los vehículos anunciados eran de las nuevas gamas híbridas o eléctricas, pensé que los humos desprendidos por los tubos de escape a lo largo de tantos años habían hecho que miles de personas no detectaran muy bien las fragancias de las colonias.

Para multitud de personas, perder olfato puede ser más grave que escuchar de fondo el pertinaz y antinatural rumor de los motores, pero tampoco basta para incitarlas a cambiar un par de cosas. Perder sentidos no basta. Más bien nos ha llevado a interpretar que la boca y la nariz son sentidos secundarios sometidos al imperio del ojo y la oreja, auténticas vedetes de la cultura urbana occidental, esa orgía de pantallas y auriculares. Del tacto en las ciudades no vale la pena hablar, porque más o menos se ha volatilizado.

Pero volvamos a Poblenou. El Ayuntamiento aprobó habilitar allí una supermanzana que desde el primer momento recibió durísimas críticas en los medios de comunicación, cuyos ingresos dependían en gran medida de la publicidad pagada por marcas de automoción. Algunos periódicos dedicaron portadas a las quejas de los vecinos. Hubo radios y televisiones que realizaron coberturas llenas de protestas y razones para acabar con el experimento enseguida. Se difundieron encuestas en las que el 87 por ciento de los vecinos estaba en contra de las supermanzanas. El Ayuntamiento recibió fuertes críticas por apoyar semejante medida, y varios amigos con los que hablé, entre ellos unos cuantos que aseguraban cuidar en su día a día del medio ambiente, coincidieron en señalar que las supermanzanas eran un invento populista que no iba a arreglar nada esencial. Algunos con residencia fuera de la ciudad dijeron que por qué tenían que prescindir de sus coches al llegar a la periferia urbana. Alegaban que, para empezar, no existían aparcamientos con capacidad suficiente para absorber la descomunal demanda diaria de autos venidos de otras localidades y, para acabar, qué pasaba si tenían que transportar cualquier carga pesada a algún lugar dentro de la metrópolis. No, ni hablar. Su coche era suyo como el rifle lo es para tantos estadounidenses, y podían disponer del mismo como y cuando quisieran, que por algo vivimos en un país de libertades individuales.

Dicen, por cierto, que modificar la cultura del coche en Estados Unidos será aún más difícil que en Europa, especialmente por la cantidad de suburbios inmensos que, al no contener los servicios necesarios, obligan a recorrer grandes distancias multiplicando la dimensión de las metrópolis. ¿Resultado? Se venera el auto de una forma todavía más acérrima que en Europa o España. El coche contiene una idea de propiedad privada básica que grandes multinacionales se han ocupado de apuntalar en nuestro imaginario a fuerza de mensajes que proyectan el automóvil como símbolo de osadía, placer y triunfo. Y hay miles de personas que se identifican, o buscan identificarse, con eso.

Yo una vez tuve un coche, el que compartí con mi padre. Lo estrellé contra otro en un cruce mal señalizado de, precisamente, el Poblenou en obras. Fue cuando el barrio se abrió al mar, tendió un largo paseo y levantó edificios modernos. Corrían los años noventa. Quiero decir que me cuesta entender el mensaje «osadía, placer y triunfo». Más bien asocio el coche a obras, accidente y gasto. Desde luego que exagero, gracias a los coches he disfrutado de momentos, lugares y personas memorables; entiendo que el automóvil tiene un lugar en mi mundo, pero cuando hago balance, mi impresión final es que este medio es mucho menos necesario de lo que nos cuentan. Y que, al fin y al cabo, el coche, la colonia o la tostada de aguacate son un conjunto de presuntas necesidades que, puestas en perspectiva ante la emergencia climática, deben llevarnos a responder con coherencia a esta pregunta: ¿quieres supermanzanas o no?

Ahora, volvemos de la publicidad.

Las protestas contra la prueba de Poblenou señalaban a los gobernantes, cumpliéndose el principio de que el liberalismo económico tiende a desacreditar a las autoridades municipales que actúan contra sus intereses. Hay que tener en cuenta que los especuladores en bienes raíces fueron los grandes promotores de los medios de locomoción rápidos, junto con los magnates de la energía eléctrica y los transportes. Por eso, enormes cantidades de dinero se han dirigido a favorecer la circulación ininterrumpida, construyendo rizos, tréboles, rotondas y cualquier diseño que permita no parar el motor, instigando un movimiento y un gasto tan perpetuo como sea posible. Y, si atendemos a cuidadosos analistas como Mumford, esos mismos inversores también se han preocupado por neutralizar los intentos de crear buenas redes de transporte alternativas. Aludiendo a la ultramotorizada realidad estadounidense, Mumford escribió:

> Nuestros ingenieros viales y nuestras autoridades municipales, hipnotizados por la popularidad del automóvil privado y sintiendo la obligación de contribuir a que la General Motors prospere, aunque de esto resulte el caos general, han estado en conspiración abierta para desmantelar todas las diversas formas de transporte que son necesarias para la existencia de un buen sistema y han reducido nuestros medios al automóvil privado (para recreo y transporte) y al avión. Han llegado incluso a duplicar las vías ferroviarias y a repetir todos los errores de los primeros ingenieros de ferrocarriles, al apiñar en ciudades moribundas una población a la que los automóviles privados no pueden dar abasto a menos que se derribe la propia urbe para permitir el movimiento y el estacionamiento de los coches.

Términos como conspiración, *lobby* y censura se repiten en boca de personas que han tratado de disminuir la influencia del automóvil en ciudades. Se reproducen los casos de arquitectos, ingenieros, urbanistas que escribieron artículos para periódicos o revistas que nunca fueron publicados. Algunos de esos artículos los habían pedido los propios medios, pero al leer su contenido renunciaron a difundirlos o exigieron «rebajar el tono» de las críticas o propuestas que se hacían.

El arquitecto David Bravo es uno de los que vivieron algo así. Bravo, que durante años trabajó con el Ayuntamiento de Barcelona y ha sido responsable de contenidos del Premio Europeo del Espacio Público Urbano, señala que para descifrar la realidad oculta tras las buenas palabras de «lo sostenible» basta comprobar que, mientras por un lado se instaura un Día sin Coches que recibe un alud de críticas y casi nadie respeta, por otro se dedican diez jornadas al Salón del Automóvil, aplaudidas casi unánimemente por cómo dinamizan la economía. En cuanto a la distinción entre lo público y lo privado, le parece significativo que mientras que la sociedad asume como normal el hecho de permanecer varias horas diarias en colas kilométricas que a menudo no se llaman ni atascos, los retrasos de, por ejemplo, trenes de cercanías sean motivo constante de crítica en los medios de comunicación. La vara de medir difiere mucho según el transporte juzgado.

El imperio del automóvil ha entronizado el universo artificial engendrado en torno a él. El espacio público se ha rendido a las máquinas desplazando a sus márgenes a plantas, árboles, animales, a todo el mundo natural no humano, convirtiéndolo en alternativo. En este contexto, es lógico que profesionales como los biólogos o los antropólogos sean minusvalorados. Durante décadas, se los ha relegado al lugar de las rarezas, y solo se les ha consultado de forma protocolaria cuando ocurría una catástrofe. Así que ahora es su momento.

Como analistas de la vida orgánica, ellos saben que las asociaciones entre seres distintos son la clave de la vida. Que un sistema sano se basa en las dependencias mutuas, en el maravilloso juego de equilibrios que propone la biodiversidad. Basta echar un vistazo a la ciudad para constatar que el monocultivo del coche desequilibra por completo la vida alrededor. Sin embargo, expresar en público esta evidencia molesta tanto a fabricantes y empleados de la industria como a millones de conductores, que prefieren apurar su comodidad sobre cuatro ruedas antes que cambiar cualquier hábito de manera voluntaria.

Una regla del monocultivo es eliminar a las otras semillas. Una forma de hacerlo en las sociedades humanas es negar la voz al discrepante o al que propone una semilla alternativa. Por eso, hoy muy pocos saben quién fue Ramon Margalef.

Además de a las algas y al plancton, Margalef prestó singular atención al papel del ser humano en la biosfera. Fue ecólogo, limnólogo y oceanógrafo. Un estudioso de insólita flexibilidad intelectual que insistió en la necesidad de conectar disciplinas para operar eficazmente en red. De un tema saltaba a otro, y en algún punto demostraba su conexión.

Los científicos y los académicos con vocación humanista suelen insistir en que los estudios actuales se han especializado tanto que, como unos departamentos no se relacionan con otros, casi no intercambian información. El superespecialista aislado en su tema es una creación de la humanidad actual. De modo que proliferan los expertos que cotejan impresiones con colegas que saben más o menos lo mismo que ellos pero no comparten el conocimiento más allá de su estricto radio de acción, ni exploran campos ajenos.

Margalef trabajó de otro modo. Incondicional del asociacionismo y el intercambio de datos, logró el hito de introducir la teoría de la información en la ecología. Esa teoría mide el nivel de organización que hay en un ecosistema y observa cómo se asocian las especies para ofrecer una medida de su diversidad. Margalef espoleó el estudio de especies de animales y plantas recabando toda la información posible. Había que observar a la especie en cualquier contexto y aceptar las observaciones de estudiosos de cualquier parte y disciplina para a su vez generar información nueva. Intentar imaginar tantos datos resulta abrumador, de acuerdo, pero es que el mundo vivo es así: mucho, diverso y cruzado.

La dificultad para acotar un campo de trabajo, la versatilidad inabarcable de la propuesta, le fue marginando de los estudios académicos. El paso del tiempo, con los especialistas cada vez más especializados, parecía no jugar a su favor. Hasta que el efecto mariposa se ha desencadenado en el planeta. Las advertencias sobre cómo el dióxido de carbono proyectado por un gas de vaca holandesa o el esmog que envuelve Pekín pueden provocar desde un incendio en Australia hasta la desaparición del delta del Ebro se han hecho realidad. Y como después de los estragos producidos por el virus que se esparció desde Wuhan ni siquiera hace falta apretar el botón de alarma para que cualquier individuo sensato comprenda que se avecina un colapso, empiezan a recuperarse las voces de los que durante décadas alertaron sobre la necesidad de tratar a la Tierra como un conjunto interdependiente. Quizá por eso el otro día en una radio entrevistaban a varios miembros de la familia Margalef.

«Nunca he dejado de leer a Margalef», dice Rueda. Y Margalef leyó a Rueda. En 1995, el primer catedrático de ecología de España presentó el libro *Ecología urbana* de Salvador Rueda, que señala al ecólogo y a Cerdà como los faros de la supermanzana. De la nueva red urbana. Del nuevo modelo a cuyo diseño se ha llegado con un abrumador caudal de datos gestionados desde la entidad que propulsó Rueda para afrontar la transformación: la Agencia de Ecología Urbana. Sus oficinas hacen pensar en la NASA. Barcelona se mide ahí. Un equipo dedicado a estudiar cada movimiento urbano sabe cuánto tarda una persona en silla de ruedas en recorrer una manzana entera. Y el máximo de temperatura que alcanza en agosto la esquina nordeste de las calles Valencia y Muntaner. Y el número de autos que circula un lunes por paseo de Gràcia. Y por eso también saben que una persona andando tarda en dar la vuelta a una manzana (113 x 113 metros) el mismo tiempo que un coche invierte en rodear una supermanzana (400 x 400).

Información que bien gestionada debe servir para preservar lo mejor que tenemos. Como imaginó Margalef. Su pensamiento es clave para entender el ecologismo urbano y por eso ahora hay quien lo intenta sacar del rincón donde lo apartaron.

Como había ocurrido en Vitoria, la nueva red de autobuses barcelonesa se aplicó a incrementar el número de usuarios además de a aliviar las congestiones de tráfico, y su éxito generó la suficiente confianza para dar el siguiente paso: la supermanzana piloto de Poblenou. En 2016, los urbanistas ya contaban con simuladores y una tecnología que les permitía anticipar situaciones reales. En Vitoria, los pronósticos se habían cumplido y todo hacía presagiar que el piloto de Poblenou cumpliría las expectativas. Las dimensiones de Barcelona no pueden compararse con las de la ciudad vasca, la población es casi siete veces mayor, pero los mecanismos internos no difieren tanto, y había optimismo.

Sin embargo, el despliegue mediático enturbió el clima. «Equipos de periódicos y televisiones trabajaban día y noche para estigmatizar el barrio», dice Rueda, que recuerda titulares y coberturas «sangrantes», además de una supuesta campaña vecinal en la que los que protestaban «llevaban pancartas seriadas que costarían un par de euros cada una, y había un montón. La gente que estaba a favor venía con pancartas que se habían hecho ellos, de por los menos veinticinco euros». Sugiere que la campaña del no estaba financiada por alguien que nunca ha sabido identificar quién era.

De todos modos, el impacto del piloto fue global.

Medios de comunicación mundiales destacaron la iniciativa como uno de los grandes proyectos modernos de renovación urbana. La BBC dedicó un reportaje de casi cuatro minutos a su creador. La periodista de *The New York Times* Winnie Hu escribió un extenso artículo en el periódico que atrajo la atención de los urbanistas de la megalópolis, y Rueda fue invitado a dar allí una conferencia a la que asistió el alcalde de Nueva York, Bill de Blasio. Al final de la charla, la reportera se acercó a saludar a Rueda.

—¿Qué tal? —le preguntó.

—En plena guerra.

El urbanista aludía a la presunta campaña contra las supermanzanas.

—Ya lo sé —respondió Winnie Hu, recuerda Rueda—. El presidente del RACC me envía todos los días noticias negativas sobre las supermanzanas y me está preguntando cuándo voy a publicar un contrarreportaje.

De todas formas, el artículo publicado incluía valoraciones de Josep Mateu, presidente del Real Club Automòbil de Catalunya (RACC). «No podemos olvidar que el proyecto también tiene otros efectos menos positivos», dijo Mateu, observando que reducir el espacio para rodar provocaría «un aumento considerable de la congestión, que es la circunstancia que produce más contaminación. Es cierto que habrá zonas que perderán tráfico, pero ese tráfico se desplazará a otras calles y distritos, llevando a una división radical entre calles ganadoras y perdedoras».

Mateu también señaló las nuevas dificultades que tendrían los vecinos para llegar a sus casas, la pérdida de aparcamientos y los negativos efectos en los comercios de la zona, y concluyó que «las supermanzanas no parecen una prioridad».

Pese a todo, según Rueda, Mateu quería recalcar su posición, y por eso animó a Hu a escribir otro artículo. Cuando pregunté a Hu a propósito de las conversaciones con Rueda y Mateu, la periodista respondió que no tenía permiso del diario para hacer declaraciones sobre temas publicados, así que debí seguir ateniéndome exclusivamente al testimonio de Rueda, quien, al saber que Mateu había sugerido un nuevo reportaje a Hu, preguntó a la periodista:

—¿Y qué vas a hacer?

—Tú me vacunaste —respondió ella.

La vacuna de Rueda consiste en contrastar opiniones: «Primero habla con la gente que está en contra de que le pongan una supermanzana en el barrio. Luego, con la que está a favor. Y acaba preguntando a los que viven en una supermanzana desde hace diez años».

Desde la ignorancia sobre los hilos que mueven esta industria, me pregunté por qué no solo Rueda sino un significativo número de políticos, periodistas, funcionarios, técnicos, naturalistas, etcétera bien versados en el tema señalaban siempre al RACC, una asociación creada para asistir a los conductores, como el gran detractor del cambio de modelo. Así que pedí una entrevista a esa institución. La idea era hablar con Mateu.

Tras pasar por tres interlocutores y un atípico número de preguntas, algunas no muy usuales –¿con quién más has hablado?, ¿este libro es una idea tuya o te lo ha encargado alguien?–, me remitieron a Lluís Puerto, director de la Fundació RACC. Le pregunté si la asociación actúa como un *lobby* de presión política. «Lo último que hará el RACC será entrar en política», dijo Puerto. ¿Y como grupo de influencia social? «El

RACC no quiere marcar a la sociedad lo que debe hacer –respondió–. Intentamos adaptarnos a ella. La ciudad la construyen muchas voces. Es más importante el consenso que la imposición de la idea. Lo que pretendemos es adaptarnos a la sociedad e introducir elementos de juicio objetivo. Si la sociedad tiende a la menor tolerancia en temas relativos a la contaminación y a la necesidad de ganarle espacio público al coche, no discutimos el principio, porque al final todos estamos de acuerdo en las estaciones finales. Queremos un aire limpio, cero accidentes, desplazarnos de forma fluida, que no haya averías en la catenaria...; son objetivos fácilmente compartidos. Cómo llegas ahí y a qué velocidad llegas es donde hay más confrontación de ideas. La clave es la velocidad a la que llegas.»

Puerto recalcó la idea de la diferencia de velocidades, indicando que, por ejemplo, el gobierno francés había intentado hacer cambios apresurados y ahora estaba padeciendo la reacción de los chalecos amarillos. «Si lo haces muy rápido, la gente no tiene maniobrabilidad», afirmó.

Rueda no acaba de ver clara la asociación entre revuelta violenta y cambio de modelo en la movilidad.

Se supone que Puerto insinúa algo que tiene que ver con el aumento del precio de combustibles, del precio del aparcamiento. Con el hecho de pagar más.

«Estamos en emergencia climática, ¿no? –dice Rueda–. Cuando una casa se empieza a quemar, ¿qué hace la gente? Corre para intentar apagarla. Pues eso. ¿Qué quieren ahora, que nos quedemos esperando a ver cómo arde con nosotros dentro?»

Puerto insiste en la importancia de moderar la velocidad del cambio para que la sociedad lo pueda asimilar. «El reto es cambiar la mentalidad de la gente. Tecnológicamente estamos preparados para grandes cambios, pero el ecosistema no lo está.» En el reportaje de la BBC, una vecina de Poblenou lamenta tener que dejar el coche aparcado dos calles más lejos de donde acostumbraba, al lado de su casa. El mismo inconveniente que expresó la vecina que interrumpió la rueda de prensa de presentación de las supermanzanas en Barcelona.

«La conclusión es que el mayor impedimento para los vecinos es aquello de *not in my back yard*. No en mi patio trasero –dice Rueda–. Al principio, algunos no quieren caminar ciento cincuenta metros más. Pero vaya, nada de sustancia. Ante cualquier transformación, el problema casi siempre es el mismo: el cambio de hábitos. Eso es todo.»

Molesta cambiar lo habitual, un itinerario también, sobre todo si se trata de caminar algo más desviándose de la línea recta. Los urbanistas veteranos aseguran que la irritación se multiplica cuando nos desvían de la línea recta. Todos los animales la buscan. Hay hileras de hormigas rectísimas. De ratas también. El viario se concibe para ir lo más rápido posible de un punto a otro. Es decir, se concibe pensando exclusivamente en el coche. Así se hace en Madrid, donde viven tres millones de personas. En Nueva York, donde coinciden ocho millones y medio. En Pekín, con más de siete millones. Los catorce millones de Delhi, los nueve millones de El Cairo, los casi nueve millones de México, los tres millones de Buenos Aires también buscan las líneas rectas. Y no es distinta Barcelona, donde vive más de un millón y medio de personas.

Otra objeción de alguno de los vecinos al experimento de Poblenou fue que «a partir de las nueve de la noche por aquí no pasa nadie, es un desierto». «La gente aún tenía que habituarse a disponer de ese espacio. Cada ocupación pide su ritmo», argumenta Rueda, que remite a Gràcia o el Born como ejemplos de cómo la gente acaba disfrutando de las calles «pacificadas». Es el término que se emplea para definir los espacios «conquistados para las personas» y que resume la magnitud de la disputa.

Así que el paso de espacios dominados por el asfalto, la polución, el ruido y los coches a otros que incorporan más verde en un entorno de aire más limpio gracias a que hay menos tráfico y donde se ha rebajado sobremanera el opresivo rumor de miles de motores de fondo se llama *pacificación*. Tiene sentido. Se trata de una contienda. Y el término resulta aún más pertinente al observar la pelea económico-política que se libra para repartir cuotas de espacio entre humanos, animales, vegetales y máquinas. Aunque, en realidad, en el fondo, la gran pugna es mental y la lidian los habitantes de la ciudad contra sí mismos: la batalla del ciudadano contra el peatón.

Movilidad

Dicen que el coche es el artefacto más investigado en la historia de la humanidad. Tanto esfuerzo se refleja en el protagonismo que le concedemos, regalándole inmensos espacios y articulando nuestros movimientos para darle prioridad. No es un decir. Cerca de un 80 por ciento del espacio público está pensado para que los coches se desplacen a gusto en un vaivén interminable. La gestión de los espacios se hace pensando en el automóvil, como demuestran las partidas de dinero que se invierten en lo que los expertos denominan superficies verde y gris.

Pero, como ya ha quedado claro que esto no es un simulacro, semejante orden se está cuestionando. Al observar el entorno, mucha gente está comprendiendo la importancia del espacio público, y ha empezado a advertir que, el espacio, o lo ocupas o te lo ocupan. Y que alguien o algo nos lo ha ocupado. Es una cuestión política. Una ciudad se mide por cómo gestiona sus libertades, y la del espacio es fundamental.

Por eso se están tomando medidas para disminuir el número de coches en las ciudades, si bien resulta muy complicado apartar el automóvil de unos itinerarios diseñados para él. Con tal de provocar ese desplazamiento se han buscado triquiñuelas como declarar a Barcelona zona de bajas emisiones, obligando a miles de conductores a cambiar sus viejos vehículos contaminantes por otros al parecer más limpios. Se supone que algunos ciudadanos incluso desistirán de comprarse otro auto que utilizarán menos y costará más aparcar, porque el precio de los aparcamientos también va a aumentar; aunque lo indudable de momento es que la industria automovilística incrementará unos ingresos que los últimos años iban de capa caída, con crisis por todas partes.

Antes ya insinué que no tengo coche. Alquilo alguno cuando voy de vacaciones o surge una emergencia, pero nunca he echado en falta tenerlo. Es verdad que algún fin de semana me aprovecho de mi pareja para rodar hasta la playa o la montaña, pero lo utilizamos poco. Aun sin ser un candidato para amortizar las gangas que ofrecen los concesionarios, el otro día quise hacer un test propuesto en la web del RACC sobre qué tipo de coche se adecuaba a mis necesidades. La mayoría de las preguntas apuntaban a la sensibilidad por el medio ambiente. Basta ver los noticiarios para saber que era casi inmoral responder distinto de como lo hice, así que el resultado fue que mi coche ideal era uno eléctrico. A nueve de las nueve personas a las que pedí que hicieran el test, de gustos y condiciones bien diversas, también les salió el eléctrico. Sea como sea, la etapa de concienciación acaba de empezar en España, donde la cuota de mercado del coche eléctrico es del 1,6 frente al más del 60 por ciento noruego.

Otro día fui a cortarme el pelo. Montse, mi peluquera, iba a viajar a Cuenca para sacarse el carnet de conducir en un intensivo de diez días. Estaba muy ilusionada y solo lamentó que al volver tendría que soltar un montón de *fucking money* para comprar un coche que cumpliera con la zona de bajas emisiones en lugar de amortizar el vehículo de tercera mano de un colega. «Esa no sabe cómo sacarnos el dinero», dijo, aludiendo a la alcaldesa. No pareció dedicar ni un pensamiento al fabricante que en realidad acabaría recibiendo su dinero.

Tanto el test como Montse sugerían que el coche iba a seguir en el centro de todo, de la ciudad. Costara más o menos, contaminara de un modo u otro, el coche continuaría ahí.

Los reformadores no lo van a tener fácil para cambiar la idea «peatón». Pensadores modernos han subrayado cómo, hasta hace muy poco, los fabricantes de vehículos respondían a las reivindicaciones ecologistas lanzando al mercado autos más grandes que corrían, y por lo tanto contaminaban, más que los anteriores. Los amparaba su incontestable reinado.

Los nuevos aires sucios imponen cierta diplomacia a la industria, además de líneas de producción que fabriquen autos adaptados a la cambiante sensibilidad, si bien casi nadie parece considerar que un 30 por ciento de las partículas contaminantes de un vehículo se vierten a la atmósfera en la cadena de montaje, antes de entregarlo al asfalto. Es el tipo de información que prácticamente no trasciende mientras los *lobbies* del automóvil filtran campañas para vender coches disfrazadas de consejos para mejorar nuestras vidas; hace poco, el RACC divulgaba tres recomendaciones para disminuir la siniestralidad: no mirar el móvil mientras conduces, que la Administración invierta más dinero en reparar vías de circulación y que esa misma Administración subvencione la compra de vehículos nuevos. Es decir, que el dinero público se destine a las empresas de su *gremio*.

Por eso, cuando conversé con el director de la Fundació RACC le indiqué que esta recomendación parecía contradecir la afirmación que había hecho minutos antes: «Lo último que hará el RACC será entrar en política».

«Estas son ideas que consideramos apolíticas –respondió Lluís Puerto–. Debemos ir sin duda hacia el vehículo eléctrico. Son ideas que no se plantean para favorecer a la industria del automóvil. Se plantean para alcanzar los objetivos de cero emisiones en 2050. Y un camino que vemos indispensable es la electrificación del transporte.»

El RACC promueve fervientemente el uso del coche eléctrico y, junto a él, la zona de bajas emisiones impulsadas por el Ayuntamiento de Barcelona. «Lo de la zona de bajas emisiones encaja perfectamente con una operación de marketing para renovar la flota de coches —dice Rueda—. A efectos prácticos, la primera medida de la zona de bajas emisiones sin prohibir el paso de los vehículos comerciales hará que los niveles de dióxido de nitrógeno pasen de 41 a 40 microgramos por metro cúbico. ¿Es eso significativo?»

«La idea no es salvar la industria del automóvil», asegura Puerto. «El cambio de verdad —añade Rueda—, la solución integral a la contaminación, al ruido, a todas las variables, son las supermanzanas. Una solución sencillísima de beneficios demostrados por tierra, mar y aire que permite grandes cambios con esfuerzos limitados.»

Pese a las profundas discrepancias, ambos están de acuerdo en que una solución para rebajar el volumen de coches que congestiona la ciudad es el vehículo compartido: un automóvil donde viajen varias personas, puede que desconocidas, con itinerarios coincidentes. El vehículo particular compartido puede ser algo más flexible que el público, pero ¿qué son el bus, el tranvía o el metro sino vehículos bien compartidos? Si se crea una eficaz red de transportes, compartir un vehículo particular sería una opción no tan distinta.

Consciente de que «la demanda de desplazamientos actual no se puede cubrir solo con coches», la industria del automóvil asume la necesidad de ampliar la red de transporte público a cambio de que se apoye institucionalmente su apuesta por los motores eléctricos y el vehículo compartido para adaptarse a los ecotiempos apuntalando el imperio del coche, si bien en los últimos diez años la irrupción de vehículos mucho más ágiles ha sacudido la movilidad de centenares de ciudades, entre ellas la mía. La crisis climática sumada al declive de los yacimientos gasísticos y petrolíferos, y a la búsqueda de alternativas a los atascos del día a día laboral, conformaron la tormenta perfecta para cambiar unas reglas del juego (urbano) que parecían petrificadas.

La bicicleta fue la primera intrusa. Aunque es un medio de locomoción muy popular en China, India o Cuba, la mayoría de los países occidentales habían sido remisos a usarlas, excepto históricos incondicionales como Dinamarca o Países Bajos. De todas formas, la bici es un símbolo de salud, y cuando los inquietantes índices de contaminación se unieron a las alertas sobre un aumento de la obesidad y las enfermedades cardíacas en los países primermundistas, y a la creciente dificultad para circular por los saturados centros urbanos, la bici vino a procurar alivio a algunas ciudades donde casi nadie la usaba. Ir al trabajo o a la escuela pedaleando es un ejercicio que ha ido ganando adeptos, y hay virtuosos, como los urbanistas de Delft (Holanda), que a su red de bicis y senderos que conecta todos los barrios y principales destinos limítrofes piensan sumar un ecotejado sobre dos kilómetros de autopista para que circulen peatones, bicicletas y animales salvajes.

En Barcelona, la consolidación oficial llegó en 2007: cuando se barajaba cambiar la red de autobuses, se inauguró el servicio Bicing. Desde entonces, los carriles se han multiplicado y toda mi familia urbana menor de cincuenta años es usuaria habitual de un servicio que, no dejan de repetir, debo amortizar. Quizá algún día me haga el carnet, sin duda resulta muy útil, pero mientras pueda intentaré seguir recorriendo la ciudad en metro o a pie. A fin de cuentas, caminar es lo más natural que hay y, en general, el metro permite leer sin frenazos.

Eso sí, el *boom* eléctrico que afectó a coches, motos y a toda la gama de vehículos metropolitanos también trajo el motor a las bicicletas. Hay inconvenientes: debes pagar treinta céntimos cada vez que usas una eléctrica, y el factor saludable se diluye al no tener que pedalear muy en serio, pero los que saben de movilidad aseguran que es el vehículo que hay que promover. «No contamina, no hace ruido, casi no consume energía (la energía consumida por un viaje en bici eléctrica, añadida a la energía metabólica y la electricidad consumida, es menor que la energía consumida metabólicamente haciendo el mismo viaje a pie), permite superar pendientes de un 20 por ciento de desnivel, es saludable y ajusta el esfuerzo al contexto. Durante el verano refrigera y permite ser usada en las estaciones más severas sin sudar. El motor homologado a veinticinco kilómetros por hora reduce la gravedad de los accidentes. La distancia media de la bici clásica está en torno a los cinco kilómetros, mientras que la bici eléctrica aumenta a diez, que es la distancia de una punta a la otra de la municipalidad de Barcelona.» Son algunas virtudes observadas por varios urbanistas que distinguen a esta bici como «la forma más competitiva de movilidad».

Y a la revolución se ha sumado el patinete eléctrico. En cuestión de tres años, las calles de muchas grandes ciudades se han visto asaltadas por legiones de estos sibilantes ultraligeros, que también se deslizan a unos veinticinco kilómetros por hora conducidos por pilotos que se yerguen a centímetros del suelo como si viajaran sobre alfombras mágicas. El patinete se conduce de pie, con la espalda bien recta, y la imagen que proyecta el dúo humano-máquina desprende una esbelta elegancia. Además, este aparato pesa y ocupa menos que una bici, así que se aparca más fácilmente, y la levedad contribuye a que se pueda maniobrar mejor. Por todo eso, los patinetes se han reproducido como una plaga que en las horas punta puede saturar unos carriles bici demasiado estrechos, porque nadie había previsto semejante oleada de eléctricos de dos ruedas en tan poco tiempo.

El periodista Miquel Molina resumió la invasión en términos oceánicos: el tsunami del patinete. Molina, que vive en Barcelona, ha dedicado amplios y meticulosos artículos a la ciudad y sus transformaciones.

Viaja en bici, tarda quince minutos de su casa a la redacción durante los que a menudo debe driblar de golpe a un buen puñado de zigzagueantes miniingenios. Se impone una normativa que regule el flujo de los aparatos recién llegados, pero, sea como sea, la coincidencia de tantos y tan diversos vehículos aporta a las calles una diversidad fascinante. Ahora se trata de coordinarlos para que, siguiendo con los símiles auditivos de este libro, cualquier pájaro que contemple su armonioso movimiento simultáneo pueda apreciarlo como la hermosa sinfonía de una orquesta equilibradamente humana.

El asalto de esta nueva maquinaria ligera sí supone un cambio de paradigma que, añadido a las supermanzanas, podría reducir ostensiblemente el número de automóviles. Dicen que las otras claves son una óptima red ortogonal de buses y de carriles bici, y aumentar el precio de los aparcamientos. Aunque nada de esto bastará si no hay buenos trenes de cercanías que permitan el desembarco diario de cientos de miles de personas en la ciudad sin necesidad de recurrir al coche. Sin cercanías competentes no hay movilidad avanzada. «Yo tengo la suerte de trabajar dentro de la ciudad donde vivo», reconoce Molina, consciente de las dificultades que encuentran los que vienen de fuera. Apostar por una movilidad avanzada dentro de la metrópolis manteniendo una locomoción renqueante fuera de ella no solo perpetúa los problemas internos, sino que crea zonas de exclusión. Y es que el quid de la movilidad es la accesibilidad. Permitir que las delicias de la ciudad estén al alcance de todos es el gran reto, y el transporte público tiene un papel decisivo. Novecientos millones de personas se hallan en estado de extrema pobreza viviendo en la periferia o en barrios marginales de las grandes ciudades que, a su modo, les han negado el acceso.

Mientras, la facilidad de los nuevos «interiores» urbanos estaba haciendo, antes de la pandemia, que alguna gente que años atrás se había instalado en pueblos o núcleos rurales con la intención de respirar más limpio volviera a buscar sitio en el cogollo, advertida sobre los alentadores cambios que se avecinaban, que ya estaban en marcha. Los que se fueron en busca de más espacio y aire fresco se enteraron de que la metrópoli se iba a ventilar llenándose de espacios verdes, así que ¿para qué soportar dos horas diarias de coche si pueden disfrutar de parecidas comodidades en el epicentro de la acción? La pandemia parece haber retraído este interés por el retorno aunque, al mismo tiempo, la ciudad ha ampliado su red peatonal y los carriles aptos para vehículos ligeros, haciéndose aún más amable a los barceloneses, que habitan una de las primeras ciudades europeas en número de viajes a pie de casa al trabajo, una líder en movilidad sostenible. Por eso, antes de la pandemia, ciertas previsiones inmobiliarias adelantaban que muchos de los que se había marchado iban a volver y estarían dispuestos a pagar un dinero, la nueva ciudad lo merece. O así lo veían.

Conclusión: los precios de las viviendas se dispararon. Aún más.

Smart con derechos

Barcelona es una capital de dos escuelas de urbanistas: los defensores de las *smartcities* y los de la denominada ciudad de los derechos. Ambas escuelas podrían, deberían, dialogar y mezclarse. Pero se observan con distancia y recelo tendiendo a situarse en dos extremos, el de la tecnofilia y el de la tecnofobia.

La *smarticity* no duda en integrar cada avance tecnológico sin tener demasiado en cuenta, opinan los que se alinean con «los derechos», cómo afectará en esencia a las personas que habitan en la ciudad. El top de lo *smart* –el inglés es la lengua adosada a estos avances– urbano será el coche autónomo, sin conductor. La inteligencia artificial, recién sublimada por la llegada del 5G, podría impulsar ciudades en las que miles de autos circulen a la vez sin que nadie los conduzca mientras posiblemente sus ocupantes viajen mirando pantallas en el interior. Se trataría de la primera implantación masiva de robots en un espacio humano. La familiaridad con el coche es tan grande que cuesta considerarlo robot, pero así sería.

Esta posibilidad cada vez más factible certificaría la visión de Mumford, quien atisbó un futuro lleno de vidas encapsuladas con una entrega total a las pantallas, incapaces de hacer nada espontáneo a no ser con ayuda mecánica. Mumford dijo que esto repercutiría en unos ciudadanos cada vez más pasivos y dóciles. Por mucho que protestaran, más pasivos y dóciles. Y añadió que, al perder el contacto cara a cara, serían fácilmente controlados por los «órganos centrales». Esa sociedad consumaría «la muchedumbre solitaria» sobre la que en el siglo XIX había advertido Alexis de Tocqueville, lúcido y perdurable observador del sistema democrático: «Veo una inmensa multitud de hombres parecidos y sin privilegios que los distingan incesantemente girando en busca de pequeños y vulgares placeres, con los que contentan su alma, pero sin moverse de su sitio. Cada uno de ellos, apartado de los demás, es ajeno al destino de los otros; sus hijos y sus amigos forman parte para él de toda la especie humana; por lo que respecta a sus conciudadanos, están a su lado y no los ve; los toca y no los siente; no existe sino en sí mismo y para él mismo».

En cualquier caso, coordinar cientos de miles de coches autónomos requiere computación cuántica y una energía tan enorme que complica la ejecución final. Por otra parte, el control de los autos implicaría también un control de los individuos, de manera que los gestores del sistema podrían localizar tu posición en todo momento. Y, en el plano estrictamente biológico, el individuo transportado ni siquiera debería prestar atención a lo que ocurre alrededor, perdiendo estímulos sensoriales y tensión física al desplazarse. En definitiva, no parece que el cuerpo y la libertad vayan a salir ganando con la implantación del coche autónomo. El ahorro, tampoco. ¿Entonces?

Salvador Rueda afirma que las supermanzanas están concebidas para «poner a la naturaleza en el centro de todo». Teniendo en cuenta que un principio de la naturaleza es el ahorro energético, se antoja incongruente incluir en las supermanzanas elementos que vayan contra su esencia. La cuestión es que un coche autónomo es tan espectacular que pone otra especie de guinda a la inteligencia humana. Su activación masiva demostraría hasta dónde hemos sido capaces de llegar, descollaría como nuestro último alarde e invitaría a seguir en esa «deslumbrante» dirección, fabricando nuevos autos con prestaciones todavía más increíbles. Sin tener en cuenta el peaje, claro.

De todos modos, la *smartcity* se despliega en muchas otras direcciones. Los patinetes, las bicis eléctricas y toda esa movilidad avanzada forman parte de sus prestaciones más positivas, igual que las luces que solo se activan en presencia humana o las soluciones domóticas pensadas, ellas sí, para aprovechar la energía al máximo.

De combinar con acierto la tecnología y lo verde resultan vanguardistas zonas sexis que no obstante suponen un problema para buena parte de la comunidad porque, como indican los defensores de los derechos, atraen a los especuladores inmobiliarios y disparan la tasación de los pisos. Aunque Berlín haya aprobado una ley para mantener el precio de los alquileres fijo durante cinco años, este tipo de medidas no son habituales, y, a falta de una regulación respetuosa con la mayoría de los ingresos medios, los barrios que más respetan –o van a respetar pronto– la naturaleza ya están expulsando a personas que no pueden costear sus nuevos alquileres sexi.

«Hay vecinos que no quieren las supermanzanas no porque no les gusten sino porque no quieren que los precios de un barrio sin coches los obliguen a irse», dice Laia Grau desde el departamento de urbanismo de Barcelona. Los defensores de «los derechos» desaprueban que la higienización urbana implique separar a miles de personas de los lugares donde han vivido durante décadas. Opinan que las emociones cuentan, que las ciudades deben habitarlas personas de toda condición y que la accesibilidad, volvemos a ella, debe ser un derecho fundamental también para las rentas bajas.

Las discrepancias son tan esenciales que los tecnófobos de los derechos están condenando muchas de las iniciativas impulsadas por los tecnófilos de lo *smart*, polarizándose unos y otros en puntos demasiado lejanos. Han tomado posiciones enconadas que a menudo no son objetivas. Unos ven a los otros como los marxistas casposos anclados en una época rancia, mientras que los tecnófobos afirman que «los defensores de las *smartcities* están más interesados en consultar los niveles de contaminación por el iPhone que en resolver el problema», asociando la fulgurante mutación de las calles a una nueva artimaña del ultracapitalismo depredador para aumentar el valor del ladrillo. Y así no hay quien se entienda.

Apostar todo contra el ladrillo tampoco es una solución, opinaba el sociólogo ecologista Mario Gaviria, que acuñó el término «ideología clorofila» para ironizar sobre el pensamiento de los ultras del verde urbano, que prefieren aislar un edificio y rodearlo de un mar vegetal antes que disfrutar de la calle compleja, mestiza y multifuncional que, según su criterio, debe caracterizar a las ciudades modernas.

Gaviria fue un gran defensor de la denominada ciudad compacta, el modelo más apreciado por la mayoría de los urbanistas modernos, sean *smart* o proderechos. Se basa en la idea de que algo se pierde al espaciar demasiado. De que concentrar edificios e infraestructuras agiliza todas las conexiones, propiciando un entramado orgánico. La cuestión es concentrar bien. Esto significa, por ejemplo, calcular la altura de los edificios y la anchura de las calles para que, en la época del año en la que el sol está más bajo, ningún rincón del espacio público reciba menos de 1,7 horas de sol al día.

Las manzanas fueron un logro primordial para los fans de lo compacto, si bien el aumento de la población, los edificios y los transportes, el aumento, en fin, de la complejidad, ha desfasado ciertos aspectos que necesitan actualizarse.

Ante la manzana cerrada, Rueda propone pasajes, oberturas que comuniquen el interior de muchas de esas manzanas con las nuevas calles pacificadas. Se trata de que el aire y la gente también puedan correr y pasear por miles de hectáreas hasta hoy restringidas a los vecinos. Un modo de oxigenar más.

Ampliar la ciudad subterránea es otro pilar de esta fórmula pro densidad que estimula la concentración tanto hacia arriba como hacia abajo. Se trata de agrupar todo en los menos kilómetros cuadrados posibles. Y para que semejante acumulación no colapse el espacio de ruido y humos, una opción es añadir grandes estacionamientos a la entrada de las ciudades donde los conductores venidos de fuera puedan practicar el Park&Ride: aparcar para, de inmediato, subirse a un transporte limpio y eficaz que los zambulla en la metrópolis.

La nueva ciudad compacta pretende armonizar lo *smart* con los derechos poniendo a la naturaleza en el centro de todo, lo que, como puede observarse, no quiere decir que se ningunee lo demás. De hecho, las supermanzanas proponen conceder al verde un protagonismo equilibrado con el entorno artificial, creando puentes, corredores que permitan que cada núcleo tenga autonomía, además de una excelente conexión con el resto de las «células», materializando el sueño de Mumford: «Hemos de construir un sistema central con muchos centros, con un desarrollo suficiente de la moralidad, la inteligencia y la dignidad que permita detener los procesos automáticos, mecánicos, burocráticos, organizativos cada vez que la vida humana esté en peligro o que la personalidad humana se vea amenazada por la pérdida de valores y opiniones».

Estas palabras subrayan el fondo moral del debate sobre la ciudad futura, sugiriendo que la salud de sus habitantes depende de cuestiones físicas y espirituales por igual. Por eso, en el nada descabellado supuesto de que la tecnología 5G llegue a crear un sistema que fiscalice por completo nuestros movimientos urbanos, Rueda cree que las supermanzanas deberían reivindicar su carácter pacificado cegando la señal de los aparatos controladores para impedirles acceder a esos espacios de urbana intimidad. «Mi propuesta apela al principio ético de permanencia de la especie», dice Rueda. Y la permanencia de la especie –la del espíritu que nos define como seres aún lo bastante libres– pasa por cegar a tiempo el ojo del Gran Hermano. Por preservar la vivienda y la dignidad de los que la habiten.

Como el Ayuntamiento de Barcelona insiste en subrayar su sintonía con la frecuencia de los derechos, trabaja para amortiguar el efecto gentrificador que provocan las inmobiliarias en torno a las supermanzanas. Así, ha emprendido la pacificación de los principales ejes urbanos de la ciudad. La previsión es intervenir esas calles y avenidas al completo, de punta a punta, fijando las líneas maestras de una transformación integral en el menor tiempo posible. Por ese motivo han empezado las obras para habilitar 503 supermanzanas del modo más simultáneo posible. Los políticos esperan que esto complique la vida a los especuladores, confiando en que no se atreverán a subir el precio de la ciudad entera, o al menos no tanto como lo habrían hecho con un plan más dilatado en el tiempo y con supermanzanas desconectadas entre sí. No es lo mismo subir hoy las hipotecas y alquileres de nueve manzanas y dentro de medio año hacer lo mismo con otras nueve manzanas situadas en un barrio distante que, de pronto, por recurrir a números redondos, elevar los costes de, digamos, 4.527 manzanas.

«A partir de ahora ya no se hablará de supermanzanas –dice Laia Grau–, sino de supermanzana. Una sola, porque toda la ciudad lo será.» «Si me dejan –dice Salvador Rueda, el creador del concepto–, en cuatro años tenemos 503 supermanzanas por doscientos millones de euros. Eso no es nada. Es el precio del túnel de Glòries.»

En el hipotético caso de que se logre la Supermanzana de supermanzanas, la Supermanzana 503, ¿cómo será el vecindario? ¿Circularán coches autónomos por ella? ¿Qué tipo de tecnologías la impulsará y cómo las aceptarán los habitantes?

De momento, el combate contra el ruido ha espoleado la búsqueda de alternativas a las sirenas como la que me reventó el tímpano; ciudades como Detroit fueron pioneras en adelantar el horario de paso de los camiones de la basura, y en otras se han avanzado los horarios de cierre de locales nocturnos. También se ha incentivado el uso de pavimento sonorreductor, el de esas pantallas aislantes que flanquean las carreteras y avenidas más transitadas y el de los sonómetros que algunos vecinos emplean en sus barrios para comprobar que no se superan los niveles de ruido permitidos. Una pequeña inversión tecnológica y la implicación de los residentes evitan gastos mayores.

La Asociación de Fabricantes de Materiales Aislantes ha registrado un notable aumento de ventas los últimos años, sobre todo para paredes y techos de pisos de obra nueva y rehabilitaciones, lo que revela una molestia insoslayable que, sin embargo, continuamos minimizando..., pese a que la Ley del Ruido prevé sanciones de hasta 300.000 euros. Pese a que en Barcelona se han creado cinco zonas de régimen especial para proteger la calidad acústica. Pese a que Estrasburgo condenó a la ciudad de Valencia por ruido y a que constan reclamaciones por excesos superlativos cometidos en locales de ocio ibicencos o en terrazas de Gran Canaria, por el botellón en Vitoria, por desmanes en apartamentos turísticos sevillanos o en gimnasios de Granada. Aparte del estrépito perenne que emiten infraestructuras como el tren a su paso por Alicante, además del tráfico madrileño y, desde luego, los aeropuertos de Barcelona y Madrid.

La magnitud del guirigay quedó muy patente durante la primera crisis del coronavirus. De pronto, un inédito silencio se apoderó de las ciudades. A principios de abril de 2020, en mitad del confinamiento más duro, los niveles de ruido en Barcelona descendieron un 50 por ciento, y registró cinco decibelios menos de media. Cinco decibelios es una barbaridad. Los rumores nocturnos se desvanecieron, la mañana no cambiaba tanto respecto a la noche, y quien salía a comprar, pasear al perro o seguía acudiendo a su trabajo «de primera necesidad» escuchaba chillidos y trinos de pájaros con tanta claridad que podían parecerle especies nuevas. Algunos incluso detectaron que había pájaros ahí. En pueblos y ciudades de todo el mundo también se registraron trinos y chillidos diversos, y graznidos, palmoteos, aullidos, rugidos y un sinfín de sonidos insólitos para aquellos lugares, y muy bien definidos en la quietud.

Era un silencio antinatural, de acuerdo, porque faltaba nuestra voz y nuestros ruidos naturalmente humanos, al fin y al cabo todavía formamos una parte viva de esto, pero deslizó una idea de calma que incluía una invitación a imaginar la ciudad con una sonoridad diferente.

Fue una chispa, una especie de propuesta para rebajar ese perpetuo alboroto tan obvio que hoy se están fabricando tecnologías que ayuden a ocultar o denunciar a personas y otras tecnologías ruidosas. Así fue como la campaña «Baja el tono» llenó las terrazas bilbaínas de aparatos que avisaban a los clientes cuando superaban el volumen de ruido legal. Una pregunta es si vale la pena seguir adentrándonos en esa senda o cambiar la estrategia y apostar por la responsabilidad propia y la educación. Como indica el arquitecto Bravo, «más que *smartcities*, la aspiración son los *smartcitizens*». Los ciudadanos inteligentes. «¿Es necesario llenar la ciudad de *gadgets* que nos avisen de lo que estamos haciendo mal? ¿O podemos intentar darnos cuenta nosotros y bajar el volumen, tirar el papel al contenedor adecuado, reducir la velocidad...?», dice Grau. ¿Queremos tener la calle controlada por cámaras o por ojos? Como indicó la teórica del urbanismo Jane Jacobs, «quiero salir a la calle y que haya otros que me miren». Porque Jacobs piensa igual que lo hacían nuestros padres y abuelos cuando, de chavales, nos dejaban jugar en unas calles que todavía cedían espacio libre a los pequeños. Contrariando a los que alertan sobre los infinitos peligros de la calle urbana e incitan –muy exitosamente– a usarlas solo para transitar, Jacobs piensa que los ojos de los vecinos tejen un clima de confianza, una red de seguridad mejor que la de cualquier cuerpo policial, y que hay que aprovechar esa confianza para disfrutar del entorno. Vivir con confianza tiene repercusiones profundas, y una de ellas, fundamental, es pensar ciudades que puedan transitar niños solos.

Niños

Durante la campaña de divulgación para comunicar qué significaba la nueva célula urbana de Poblenou, Rueda planteó esta cuestión a un grupo de jóvenes urbanistas: «Imaginad que un coche circula por la supermanzana. Diez niños han inventado dos porterías con sus mochilas y juegan al fútbol en uno de los cruces reconvertido en plazoleta por donde también pueden pasar automóviles. El coche necesita cruzar el terreno de juego para llegar a su aparcamiento al otro lado de la calle. ¿Cómo se debe resolver la situación?». Todos los urbanistas respondieron que los niños deberían retirar las mochilas y dejar que el coche pasara. Rueda preguntó por qué, si los niños eran diez y el conductor, uno. Si los niños estaban antes. «¿Por qué en las cabezas de esos jóvenes urbanistas el coche continuaba teniendo prioridad? —se pregunta Rueda—. Esa es la cultura en la que nos hemos educado. En la que aún está la nueva generación. El coche deberá pasar por ahí en algún momento, de acuerdo, pero el conductor también puede asumir que le toca esperar unos minutos, dejar que los niños acaben unas cuantas jugadas, que marquen un gol.»

Resulta significativa la poca atención que el diseño urbano ha prestado a los niños. Una razón es que ellos no conducen esos aparatos de al menos una tonelada de los que, si no van dentro, se deben mantener lo más lejos posible, así que están automáticamente excluidos del 80 por ciento del espacio donde habitan. Su exclusión sintetiza cómo han pensado hasta ahora los muy adultos gestores de la ciudad.

Esto ha contribuido a la llamativa paradoja de padres que protestan porque sus hijos no se separan de las pantallas que tienen en casa mientras esos mismos padres no les permiten salir a la calle a jugar por miedo a que les pase algo. Una consecuencia es la multiplicación de niños obesos, que no ejercitan en absoluto sus múltiples sentidos y a menudo cultivan temores tan reales a abandonar su confortable nido doméstico que padecen trastornos psicológicos. Son los nuevos «niños envasados», en palabras del periodista cofundador de Children & Nature Network Richard Louv. Lo más desconcertante es, dice Louv, que la generación de padres quizá físicamente más en forma de la historia esté criando a millones de hijos enclenques.

Muchos padres intentan contrarrestar el encierro que imponen a sus hijos a fuerza de actividades extraescolares, algunas deportivas. Siendo una opción, resulta un sucedáneo porque, y seguimos con Louv, los niños necesitan juegos desestructurados. Esto es disponer de tiempo, espacio y libertad para descubrir y organizarse por su cuenta, sin adultos que los orienten. En las extraescolares todo les llega «ordenado», dentro de un método, bajo la dirección del profesor o monitor.

Un niño necesita exprimir sus sentidos para radiografiar el entorno y tomar decisiones que le permitan aprender de un modo profundo. Pero unos padres cada vez más miedosos coartan la curiosidad de sus hijos achacando su pacatería a un exceso de celo ante los inefables peligros que los acechan en la urbe.

«La barrera no es la ciudad sino la ausencia de naturaleza en ella», indica Louv en su imperdible *Los úl-*

timos niños en el bosque, un rosario de ejemplos e ideas para liberar a los niños de sus jaulas multipantalla diseñando entornos urbanos donde puedan jugar, correr, ampliar su universo infantil.

Una forma de blindar sus espacios callejeros puede ser poner obstáculos que condicionen la velocidad o el paso de los coches, como hicieron en Pontevedra. El caso de la ciudad gallega conecta con el de Vitoria, porque aquí la renovación también la emprendió un alcalde, Miguel Fernández Lores, convencido de que había que cambiar el modelo. En 1999, el centro urbano tenía aceras de un metro y recibía unos 14.000 vehículos diarios. Entonces, el consistorio peatonalizó el centro con el objetivo de revitalizar las zonas degradadas por la saturación. El cambio implicó redirigir la circulación y, si bien obligó a tardar tres minutos más a quien quisiera cruzar esta ciudad de 80.000 habitantes, a lo largo de cuatro años no se registró un solo accidente mortal; en seis años las multas descendieron a un ritmo del 10 por ciento anual, y se consolidó el programa de Camiños Escolares, lo que catapultó a Pontevedra internacionalmente, y recibió el Premio ONU Habitat por su modelo urbano.

Los Caminos de Pontevedra son un trazado que permite que los niños vayan solos al colegio siguiendo vías seguras supervisadas por comerciantes, hosteleros y personal de apoyo. Y esos pequeños forman parte de la estadística que cifra en un 70 por ciento los desplazamientos a pie o en bici por esta parte de la ciudad, donde las emisiones de CO_2 han descendido un 88 por ciento. Normal, teniendo en cuenta que un coche gasta seis mil veces más energía para cubrir el mismo trayecto que una persona a pie. Todo esto ha convertido a Pontevedra en una referencia para Francesco Tonucci, el psicopedagogo autor de un libro capital, *La ciudad de los niños*, basado en un proyecto que él mismo impulsó en la ciudad italiana de Fano, para la que creó una nueva filosofía de gobierno en la que los niños eran el parámetro a la hora de pensar el ecosistema urbano. Tonucci aboga por un futuro de ciudades a escala humana sofisticadas tecnológica y éticamente, y pone a Pontevedra como ejemplo de lo que podemos lograr.

La educación de los niños urbanos debe incluir su acceso a la naturaleza, y de esa relación deberían surgir adultos que sepan cómo tratarla. Ahí late una verdadera esperanza de cambio porque, como escribe la naturalista Jennifer Price, «no se puede esperar preservar la naturaleza o las especies en peligro a no ser que se piense en cómo hacer sostenibles esos lugares en los que vive la mayor parte de la gente». Y un lugar humano solo puede ser sostenible si vela por los más pequeños. Parece lógico, incluso fácil de llevar a cabo, pero para lograrlo hace falta un importante giro mental. Basta recordar a los jóvenes urbanistas que privilegiaban a un conductor frente a diez niños.

Hay «olvidos» o «despistes» o «negaciones» tan decisivos como casi inexplicables. ¿Por qué tanta gente ha podido pensar durante tanto tiempo las ciudades sin tener en cuenta a los niños? Otro olvido reseñable es cómo, hasta un pasado muy cercano, los escritores de naturaleza han desdeñado la naturaleza situada dentro del ámbito urbano o suburbano. Esta invisibilización se la han repartido unos intelectuales en la inopia y los propios naturalistas porque, como señala Price, «incluso en fecha tan reciente como 1990 se podía leer cada una de las novecientas páginas recogidas en la antología *Norton Book of Nature Writing* ('Escritura de la naturaleza de la editorial Norton') y no comprender que la mayor parte de la gente pasa la mayor parte de su vida en las ciudades».

Ahora que nos estamos percatando de esas inquietantes lagunas, tenemos la oportunidad de reaccionar creando un pensamiento adaptado a los problemas y articulando relatos que motiven a los millones de afectados. Si hace cien años se proyectó el movimiento de las ciudades saludables para combatir los destrozos causados por la revolución industrial y se crearon, por ejemplo, enormes espacios verdes urbanos como Central Park, hoy urge una nueva movilización masiva para regenerar las ciudades. Nuestro futuro como especie depende de cómo y a qué velocidad hagamos las reformas.

Otras ciudades

Aunque Copenhague, Londres o Barcelona sean ultraconscientes de sí mismas, las ciudades en general no han tendido a autoexplorarse con detenimiento. A menudo, una ciudad parece un sitio que siempre estuvo ahí dedicándose a crecer más bien a su aire. Los ciudadanos no suelen preocuparse mucho por los detalles del crecimiento. Es un desinterés propio de los organismos jóvenes, que se limitan a explotar sus pletóricas fuerzas sin reparar en los abusos que cometen ni en el desgaste que les supone.

El paso del tiempo y la hipervelocidad han acelerado la erosión de muchas ciudades, que se ven forzadas a fijarse en sus cada vez más patentes desperfectos y a valorar cómo los pueden arreglar o prevenir. Róterdam, Ámsterdam o Estocolmo son algunas de las que antes empezaron a buscar una armonía, y países como Suecia o Inglaterra procuran alejarse de ciertas pautas automáticas para tratar cada espacio según sus necesidades.

Oslo y Helsinki han logrado registrar cero accidentes mortales en sus calles, y este 2020 la Corte Suprema de Holanda ha ordenado a su gobierno reducir un 25 por ciento las emisiones de CO_2. Acatar la sentencia afectará sin duda a la distribución y las dinámicas urbanas. De todas formas, muchas ciudades holandesas están estructuradas para adaptarse sin dificultades a la nueva norma. Más difícil sería hacerlo en tramas como las de París o Londres, donde, eso sí, hoy hierve el debate sobre el modelo de ciudad que hay que seguir.

Todas tienen en común la importancia que conceden a las plantas bajas de los edificios. Ahí es donde coinciden «los ojos» que supervisan a los niños, y conectan a unos vecinos con otros espoleando complicidades que derivan en la simple toma de las calles. «Si la planta baja funciona, la ciudad funciona», dicen los expertos. Hay que asegurar los intercambios naturales, y eso significa a ras de calle. De ahí que algunos ayuntamientos estén prohibiendo las tiendas en las primeras plantas de edificios, obligándolas a quedarse a la altura de los caminantes.

En las antípodas de actitudes regeneradoras como las de Ámsterdam, Vitoria o Pontevedra se hallan ciudades del estilo de São Paulo, Pekín o Madrid, creadas a golpe de ciclo económico expansivo y, por eso, hostiles a unas reformas que cuestionarían su política de décadas. Pese a que la cumbre sobre el cambio climático de 2019 celebrada en Madrid pareció convertir a la ciudad española en un faro de los cambios, pocas semanas después del evento la presidenta de la comunidad declaró que no había que exagerar con los alarmantes niveles de contaminación registrados en la capital de España, porque eso no iba a matar a nadie. La ONU corrigió enseguida a la presidenta aportando abrumadoras estadísticas de muertes por polución. La declaración de esa mandataria denota la hostilidad con la que ciertos grupos de influencia observan cualquier medida que pase por variar dinámicas tan lucrativas para algunos como contaminantes para todos. «La contaminación no puede ser un tema de debate —dice el periodista Miquel Molina—. Las sinergias, la presión exterior los obligará a no seguir por ahí. Cuando la presidenta de la Comunidad de Madrid debe moderar su discurso sobre el clima es porque las cosas han cambiado mucho.»

La sociedad danesa ya ha dado ese salto de conciencia. Una suficiente masa crítica de ciudadanos respaldada por políticos atrevidos han aupado las calles de Copenhague como referencia del diseño de calidad. La ciudad va encontrando soluciones hermosas y creativas a cada dilema que se le plantea. Copenhague no es un ejemplo ideal de funcionalidad, más bien trata de irse adaptando a los espacios, pero lo hace tan afinada y eficazmente que sublima una forma de urbanizar que en otras ciudades es más bien un recurso, no una estrategia: el urbanismo táctico.

En Madrid, los arquitectos jóvenes independientes no tienen acceso a la obra pública, así que se han erigido en especialistas del «táctico», esa especie de urbanismo de guerrilla que se concentra en resolver pequeñas encrucijadas urbanas de manera creativa y sin quebrantar la ley. Ejemplos de soluciones tácticas han sido la calle Galileo de Madrid, la reconquista del Sena en París, la calle Madero en el centro histórico de Ciudad de México o esa Times Square que logró peatonalizarse eliminando el tráfico de vehículos que la colapsó durante décadas.

La promotora del emblemático proyecto neoyorquino, Janette Sadik-Khan, es una incondicional de las supermanzanas, porque están pensadas para conectar la ciudad entera. Porque es un proyecto total, no un apaño ingenioso. Por eso, Sadik-Khan las avaló tras la conferencia que Rueda dio en Manhattan, y despunta como una de sus adalides internacionales ahora que numerosas ciudades, sobre todo latinoamericanas, han encargado al biólogo, psicólogo y urbanista proyectos para que actualice sus centros urbanos. Rueda ya trabaja en Quito, Asunción y Buenos Aires. Montreal o París lo han convocado con la idea de tantear transformaciones, y los fabricantes de bicicletas Rocky Mountain y la asesoría financiera Bloomberg le han propuesto diversos tipos de colaboración. De hecho, Polly Trottenberg, la comisionada del transporte de Nueva York, está evaluando implantar supermanzanas en la ciudad. Una prueba del interés son las jornadas Shared Streets (calles compartidas), en las que en agosto de 2019 se cerraron sesenta calles del Lower Manhattan con el objetivo de calibrar el impacto, las reacciones de los neoyorquinos, y empezar a concienciar sobre la posibilidad.

Para abordar los nuevos retos, Rueda ha impulsado la Fundación Ecología Urbana y Territorial, de la que me propuso formar parte desde el principio después de años de charlas en las que hemos comprobado que compartimos muchas miradas y un deseo de cambio común. También estamos de acuerdo en que, por una vez, hay que hacer ruido. Cuanto más, mejor.

Células en Madrid

La creación de una zona de bajas emisiones denominada Madrid Central en el centro de la capital de España a finales de 2018 ha sido uno de los asuntos urbanísticos más «ruidosos» de los últimos tiempos. Las constantes polémicas en torno a Madrid Central subrayaron la necesidad, y la posibilidad, de vivir de otra forma en la metrópolis, pero la propuesta en sí misma y el modo de llegar a ella revelan cuánto queda aún por hacer.

Desde 2011, el Ayuntamiento de Madrid posee un plan general de movilidad ideado para compatibilizar las supermanzanas con esa idea de «ciudad cercana» donde todo quede a quince minutos del urbanita. Ese plan estratégico, Madrid Centro, perseguía disminuir la contaminación rampante y volatilizar los fenomenales atascos, porque el progresivo deterioro de la red móvil reclamaba intervenir con urgencia.

Sin embargo, el Ayuntamiento optó por un remedio alternativo centrado en rebajar las emisiones contaminantes de cuatro zonas, cada una denominada Área de Prioridad Residencial (APR). En 2015 un nuevo gobierno municipal activó al fin las APR, pero en vista de su insuficiente impacto ideó una especie de super-APR con la intención de limpiar el aire a fondo: Madrid Central. Tras dos años de evaluaciones y debates, el espacio despegó en 2018.

«Básicamente, se decidió peatonalizar algunas calles. A los madrileños les gusta verse reflejados en las acciones de grandes capitales, y las ciudades de referencia peatonalizaban calles», dice José María Ezquiaga, quien, junto con otros dos arquitectos, había contratado a Rueda para elaborar el plan estratégico Madrid Centro, que quedó apartado por... Madrid Central. «La diferencia –continúa Ezquiaga– es que París, Londres o Roma hace años que no solo peatonalizaron sino que también restringieron en serio el paso de vehículos por el centro de la ciudad.»

Ezquiaga, premio Nacional de Urbanismo que dirigió el área de urbanismo del Ayuntamiento y de la Comunidad de Madrid a finales del siglo xx, indica que, cuando Madrid Central arrancó, el plan estratégico original llevaba durmiendo dos legislaturas en las que ni un partido de derechas ni otro de izquierdas apostaron por activarlo. «Es curioso que en las ciudades de Estados Unidos haya sido más fácil regular la limitación del automóvil que en España», indica Ezquiaga. Habla de Seattle, San Francisco, Boston, Nueva York... ¿Por qué? «Porque en Madrid el automóvil no solo se ha considerado un derecho sino que se han invertido muchos millones en mejoras viarias para él: túneles, puentes..., y eso ocurría mientras a nivel político mundial ya estaba claro que el automóvil no tenía futuro en la ciudad.»

La radical apuesta española por la automoción había alimentado durante décadas formidables infraestructuras y unos hábitos que ahora cuesta revertir. Se supuso que cambiarlos sería de lo más impopular. La alcaldesa Manuela Carmena atisbó una oportunidad de intervenir al amparo del mandato anticontaminación de la Unión Europea, pero se apartó del plan de Ezquiaga y Herreros y presentó su alternativo Madrid Central. Que no ha funcionado como esperaba.

Un motivo, según Ezquiaga, es que Madrid Central prefirió peatonalizar las grandes vías de tráfico en lugar de las pequeñas. Es decir, invirtió las prioridades marcadas por el plan de supermanzanas, que mantiene el tráfico rodado en las grandes avenidas mientras acota la afluencia por las calles menores. «El problema es que Madrid Central se enfocó desde la calidad del aire, no tanto del espacio público. Por eso permitía una circulación excesiva. O sea que podía darse el caso de estar en un sitio libre de contaminación pero atrapado en un enorme atasco... de coches eléctricos.»

«Eso es una reducción al absurdo», señala José Manuel Calvo, el arquitecto y concejal responsable de la reforma de la Gran Vía madrileña y gran impulsor de la reciente transformación Central. «Si todo continuara como hasta ahora podría darse una situación así, claro, pero se cambian unas cosas para que cambien otras. De todas formas, si por lo que fuera nos encontráramos con un exceso de coches eléctricos, se resolvería la situación. El plan se plantea y se evoluciona con él.»

Las disensiones afloraban día tras día. Madrid

Central parecía una incesante polémica más política que urbanística, si bien tuvo el valor de inaugurar el debate sobre movilidad en la capital. ¿A quién dar la razón? ¿De verdad era necesario ser tan drásticos con los coches? Y entonces llegó la pandemia. El espacio urbano se reveló importante desde otro punto de vista. Los madrileños, que aprovechaban cada salida para sacudirse el confinamiento paseando por la ciudad, se sintieron incómodos, emparedados entre grandes vías de asfalto insólitamente desocupado. Empezaron a protestar, y observaron que sus reivindicaciones coincidían con las que numerosos ancianos que se movían en silla de ruedas o madres que debían controlar a su prole llevaban años realizando: faltaba espacio para las personas.

«Se habla de las aceras estrechas desde que han empezado a pasearlas los individuos de edad media —indica Ezquiaga—. Los ancianos, las madres y los niños ya lo sabían, pero ancianos y niños no son sujeto político, no tienen voz. La clase media, sí.»

De modo que se creó una comisión de expertos de distintas disciplinas para pensar la ciudad poscovid, y, según Ezquiaga, concluyeron que las supermanzanas son una alternativa más interesante, más integral y orgánica que Madrid Central. Habría que recuperar el plan estratégico original.

De momento, la conclusión se queda en eso, porque la idea de la supermanzana en Madrid es todavía una entelequia, un concepto que ni siquiera forma parte del imaginario capitalino, ya que aún nadie se ha decidido a aplicarlo inaugurando así el debate práctico, social. Real. Aparte de que, en Madrid, la supermanzana adopta el nombre de «célula urbana» porque «las complejidades espaciales de la metrópoli son diferentes».

Célula o supermanzana, parece que el barrio de Salamanca, una cuadrícula con las calles bien jerarquizadas, sería el elegido para la prueba piloto. Pero su momento no llega. El tiempo pasa. «Y como no se actúe de inmediato –señala Ezquiaga– volveremos al formato habitual.» Empeorado por el mayor uso del vehículo privado a causa del miedo a contagiarse de COVID-19 si se usa transporte público.

«Puede que le cambien el nombre, pero Madrid Central va a seguir en marcha, porque es la solución para controlar las emisiones –dice Calvo–. Creo que el nuevo Gobierno acabará aprobando una ordenanza igual, y que el plan continuará funcionando idéntico, y evolucionando para responder a las necesidades, claro.»

Tanto Calvo como Ezquiaga, eso sí, echan de menos el paréntesis en el que se pudo ver ardillas y patos rondando por las afueras de El Retiro. «Ya vuelve a haber atascos en Madrid», señalaba Ezquiaga en el último tramo de 2020 mientras representantes del sector automovilístico apelaban a las dificultades económicas derivadas de la pandemia y recomendaban no aumentar el precio del parking metropolitano ni «castigar» a los ciudadanos con multas por incumplir según qué recientes normas de tráfico, abogando por dejar todo más o menos como estaba antes del virus.

Animales

La prueba del algodón para sopesar la calidad ecológica de una ciudad la determina la presencia de animales no humanos. Hasta hace muy poco, el diseño urbano no contemplaba a esos otros miles de vidas que comparten espacio con nosotros. Lógico. Si casi se olvidaba de los niños, cómo iba a pensar en las necesidades de los animales, y ya no digamos de los animales salvajes. La superioridad con la que la especie humana (adulta) observa al resto de los seres vivos del planeta se resume en la forma de idear sus espacios de convivencia, empezando por las ciudades.

En este punto es importante subrayar los problemas que muchísima gente tiene aún para asumir que somos animales. Durante estos años de ahondamiento en temas de naturaleza he ido encontrando un insospechado número de personas, varias de ellas queridas y respetadas, algunas con estudios superiores y libros publicados y carreras de filosofía, que cuestionan o niegan ser animales. No desmenuzaré las mágicas razones argumentadas para rebatir la evidencia científica de nuestra condición biológica, pero su postura puede ayudar a entender el histórico descuido de tantos urbanistas, que se han negado a pensar en unos seres a los que, por decirlo así, no consideraban parte de la familia.

En consecuencia, infinidad de ciudades han crecido al margen de los animales que vivían en ellas, obviándolos o expulsándolos sistemáticamente, y admitiendo solo a los domesticados. «Diseñamos nuestras ciudades al servicio de nuestra especie y tan solo aceptamos en ellas unas pocas especies de plantas y animales, siempre que sirvan a nuestros intereses y que podamos tenerlas bajo un control estricto —ha escrito la filósofa Marta Tafalla en su absorbente *Ecoanimal*—. Y, sin embargo, la vida salvaje no tarda en reclamar su lugar en ellas, desde los animales silvestres que se acercan en busca de comida y cobijo hasta esas plantas que crecen rompiendo el asfalto y que solemos llamar "malas hierbas".» Malas porque se revuelven contra nuestra voluntad venciendo las resistencias que les habíamos planteado y que creíamos insuperables.

Así, muchas ciudades han ido perdiendo biodiversidad y padecido sus consecuencias, porque la falta de un animal igual repercute en el control de un insecto que en la polinización de las plantas o provoca una plaga de palomas. Los desarreglos se han ido acentuando hasta hacerse insoslayables y algunos observadores han determinado que, como la ausencia de animales perjudica, convendría mantenerlos cerca. Cuantos más, mejor. Y dentro del límite urbano.

En 2006 Barcelona trazó un plan para habilitar corredores que, por ejemplo, permitieran a una ardilla atravesar la ciudad desde el parque de la Ciutadella, muy cerca del mar, hasta el Parque Natural de Collserola. La medida también trataba de frenar el progresivo aislamiento del entorno natural de una ciudad ensimismada en su atractivo turístico, que se embellecía con vanguardistas artificios y cuya expansión provocaba a su vez el aislamiento de las montañas de Collserola, día a día estrangulada por la presión inmobiliaria de Barcelona y el resto de las localidades periféricas. La división entre campo y ciudad se extremaba por momentos: la ciudad era ciudad, el campo, campo, y ambos no se tocaban. ¿Resultado? Un pájaro que vuele a buena altura podrá contemplar una frondosa isla natural sitiada por engendros de hormigón y asfalto. Collserola. El colmo de la antiecología.

Un resultado de esta foto aérea es que el número de ardillas en Collserola mengua a marchas forzadas. El de los tejones, también. Hasta no hace tanto, el rastro de unas y otros llegaba a bosques fuera del parque, donde pasaban temporadas antes de regresar. Ahora, edificios y carreteras han bloqueado sus antiguas rutas de tránsito condenándolos al encierro y la endogamia.

Los corredores programados les permitirán recobrar espacios queridos o aventurarse por otros nuevos sin temer atropellos ni lapsus que los desubiquen peligrosamente. Hay animales que están volviendo a escurrirse por la ciudad y disfrutan de insólitas facilidades propiciadas por humanos, como los refugios que albergan erizos o las cajas-nido, además de todos esos agujeros, alféizares, cornisas que los arquitectos ya diseñan pensando en sus futuros huéspedes.

La intención es ir recuperando a esa fauna casi proscrita y en general invisible, aunque la tengamos al lado. Verla provoca una emoción distinta con arraigo en lo salvaje, despierta curiosidad, y ese es el primer paso para acercarse, entender y respetar. Si alguien no ve al animal o la planta que viven cerca, le será más fácil destruirlo.

Los animales salvajes más visibles de la ciudad son los pájaros. La primera acción de aproximación a la fauna salvaje en Barcelona se dio en 1999, cuando halcones estadounidenses fueron reintroducidos después de que la especie se volatilizara a finales de los años setenta.

Ahora, en mi ciudad hay más de ochenta especies de pájaros, desde garzas hasta gaviotas, colirrojos, cada vez más cotorras. En los huertos proliferan las currucas, a las que relevan los murciélagos cuando cae el sol, y en primavera se pueden escuchar vencejos. Se han calculado 367 colonias de este pájaro chillón y 280 de golondrinas. Dicen que en los túneles del metro habita el mirlo, la tórtola turca y la lavandera. La confluencia de las especies equilibra el ecosistema, y nosotros, claro, nos beneficiamos. Del murciélago también: este insectívoro devora docenas de mariposas de la procesionaria del pino, librándonos de picores y fumigaciones indebidas. El favor que nos hace el murciélago es un botón útil para demostrar hasta qué punto una especie, cuya presencia muy pocos detectan, nos resulta saludable. Aunque los efectos de convivir con animales van aún más allá: su compañía refuerza nuestro sistema inmune. El dato incluye a los domesticados, que, por cierto, protagonizan otro dato sugerente: los barrios con más densidad de animales de compañía registran índices de criminalidad más bajos.

Igual que los humanos hemos integrado animales en nuestras vidas, algunos animales salvajes nos han integrado a nosotros, porque la presión de la ciudad y los «regalos» en forma de alimento que esta les ofrece los ha ido animando a acercarse a los núcleos urbanos y, a veces, a quienes los habitan. Entre los animales que sí se dejan ver, los jabalíes son una presencia común en las estribaciones de Collserola, yo mismo me he cruzado varias noches con familias que husmean entre cubos de basura a las puertas del campo donde juego al fútbol, a los pies de la montaña. Tienen hambre, huelen la cena a dos pasos y, a fin de cuentas, no son ellos los que invaden la ciudad sino que las calles se les han echado prácticamente encima. Un fenómeno común a tantas urbes modernas... que recientemente alcanzó su máxima expresión.

> Privados de espacio y alimento, rapiñan entre nuestra basura, zonas ajardinadas y animales domésticos. En Uganda, los gorilas de montaña de Bwindi abandonan la seguridad del bosque para saquear hortalizas y frutas de las fincas indígenas; el leopardo se come las gallinas y perros en las ciudades de Tanzania y el elefante arrasa cosechas enteras en Kenia. Somos muchos y hemos profanado, sin permiso, los dominios de los reinos animal y vegetal. Hoy sus súbditos se sublevan y aprovechan el confinamiento humano para extender la libertad natural.

Este es un fragmento escrito por el arqueólogo y naturalista Jordi Serrallonga cuando, durante el encierro por la COVID-19, comenzaron a difundirse imágenes de animales deambulando por calles desiertas. Serrallonga había visto trotar jabalíes en el centro de su ciudad, mientras bajo puentes de las afueras aparecían ciervos, delfines a cincuenta metros de costa, y en las calles de Madrid grababan a pavos reales. Un oso asomó en el pueblo asturiano de Ventanueva y cabras montesas en la albaceteña Chinchilla, además de las focas que atravesaron una avenida en una localidad de Galápagos, de los alces y mapaches que invadieron localidades estadounidenses...

La naturaleza desencadenada sobre el asfalto llamó la atención mundial hacia la cantidad de vecinos invisibles que tenemos a las puertas, en general muy despreciados. Y es que la lista es bien larga. Como señala Tafalla, «en Jaipur y otras ciudades indias encontramos macacos, en Londres zorros, en algunas ciudades de California pumas y en Chicago coyotes». Nutrias en Singapur, además de a la entrada de Madrid desde que se actuó sobre el río Manzanares. En Brisbane vi marsupiales trepando a un árbol de una gran avenida, y a pelícanos y lagartos enormes paseando por un muelle de Perth. Aunque algunos de esos animales son fieros, cuando se adentran en las calles no suelen causar problemas. Van a por su objetivo, que siempre es comida o saciar algún tipo de curiosidad, e intentan permanecer ocultos para que nadie los moleste y para no entorpecer nuestros flujos. Ese mismo respeto es el que las personas desarrollan al vivir rodeadas de animales salvajes... y ser conscientes de ello. El vecino silvestre nos obliga a practicar la tolerancia siendo pacientes cuando, digamos, a un mamífero sin experiencia urbana le da por cruzar la carretera; a atemperar el humor si del cielo cae un excremento con demasiada puntería. Pero, al margen de cualquier molestia, los gestos que sirven para mantener al animal ahí compensan de sobra. Ver saltar a una ardilla o jugar a adivinar la especie que profiere el trino que escuchas aporta ese tipo de riqueza inmaterial que da ganas de seguir viviendo.

Las 503 supermanzanas son un corredor en sí mismas, pero, para atraer la presencia de animales, la ciudad deberá envolverse en unas condiciones atmosféricas lo bastante invitadoras para que los salvajes no solo atraviesen la ciudad, sino que incluso se detengan en ella. Rebajar el ruido formaría parte de una invitación digna. Se sabe que la música puede alterar la percepción del sabor y del color, de modo que la ciudad también mide su atractivo a partir de su música de fondo.

Las aves han aprendido a convivir con los humanos, apunta Tafalla,

> ... pero suelen tener un problema grave: nuestras ciudades son muy ruidosas. Coches, tranvías, trenes, aviones, voces humanas, música, fábricas, máquinas de vario tipo suman una gran cantidad de ruido. Las aves emiten todo tipo de cantos y reclamos para comunicarse entre ellas, defender su territorio, encontrar pareja, mantener contacto con sus hijos cuando están aprendiendo a volar o avisarse mutuamente de peligros. Sin embargo, nuestro ruido dificulta que se oigan.
>
> En los últimos años, algunos científicos han estudiado el problema y han comprobado que las aves tratan de afrontarlo con diversas estrategias. Algunas especies cantan en una frecuencia más alta, es decir, emiten un canto más agudo; otras cantan cuando hay menos ruido, más temprano por la mañana o más tarde por la noche, y otras aumentan el volumen. Todas estas estrategias tienen un coste, obligan a modificar conductas y a hacer esfuerzos extras. También hay especies que, simplemente, cantan menos, es decir, se comunican menos, o bien abandonan un territorio si es dema-

> siado ruidoso. Así, el ruido que nosotros producimos perjudica sus vidas.
>
> [...] Muchas otras especies tienen formas de comunicación complejas pero nosotros emitimos tanto ruido que no dejamos que se escuchen. Inundamos la naturaleza de contaminación acústica que solo genera molestias, desorden y caos. No estamos llenando una naturaleza muda con nuestro profundo lenguaje, no estamos dotando a una naturaleza sin voz de la única voz que le permite expresarse, sino todo lo contrario. Estamos apagando las voces de la naturaleza para sustituirlas por ruido. [...] El ruido es, en el ámbito sonoro, el equivalente de la contaminación lumínica y de la basura que producimos.

Apagar las otras voces significa imponer una sola, la propia. Esa vía no se antoja entretenida ni saludable, aparte de que implica un abuso de poder fruto de haber gestionado muy mal nuestras libertades. ¿Nos gustamos tanto como para expulsar al resto? Un solitario no es más libre que quien vive en comunidad. La libertad no es un monólogo. Renunciar al diálogo con otras especies empequeñece. Una lección primordial que imparten los adultos a los niños es que hay que saber escuchar, aunque luego ellos mismos no atiendan. Corredores verdes y supermanzanas son mecanismos para obligarnos a escuchar. Incluso nuestro propio ruido, y detectar que eso es lo que es, ruido, y que está ahí y nos influye y nos molesta. Tomar conciencia del ruido es un paso clave para acabar con él. Cuando se amortigua el estrépito de los motores, las ruedas, el ajetreo, se perciben sonidos y movimientos que antes pasaban inadvertidos o sencillamente no estaban. Entonces se despierta algo. Lo saben en Poblenou. Porque allí aprendieron a vivir más cerca del silencio antes del coronavirus.

Deseo de supermanzana

Un señor que vive en Matrix, desconectado de la realidad y de las preocupaciones básicas de los barceloneses. Así describió a Salvador Rueda el presidente de la Plataforma d'Afectats per la Superilla del Poblenou. Era 2016, la supermanzana acababa de implantarse y algunos vecinos encajaban mal ciertos cambios. «Me lo tomo como un elogio», respondió el urbanista, asumiendo que durante un tiempo iba a recibir un alud de críticas más o menos furibundas. «Pero me trataron mejor que treinta años antes –dice Rueda–, cuando me insultaban directamente.»

La historia se repite con pasmosa meticulosidad. Ebenezer Howard, una de las figuras históricas más importantes de la planificación urbana, fue un emigrante inglés que llegó a Estados Unidos de joven y fracasó como granjero en Nebraska. La lectura de

Walt Whitman, Ralph Waldo Emerson y los utópicos estadounidenses le incitó a pensar en cómo mejorar la vida de las personas a través del diseño urbano, e imaginó lo que denominó la ciudad-campo, semilla de sus ciudades jardín. Se le describe como un hombre antipático. Tuvo que soportar durísimos ataques de quienes se oponían a su, al fin y al cabo, revolución.

A Ildefons Cerdà, el citado padre del Eixample, lo desprestigiaron y arruinaron, hasta el punto de marcharse a vivir a Australia con una hija que se arraigó allí. Después de su muerte, el popular arquitecto y político Josep Puig i Cadafalch, llevado por un rechazo visceral a los planes del urbanista, se encargó de hacer desaparecer un gran número de ejemplares de la *Teoría general de la urbanización* escrita por Cerdà. Solo muchos años más tarde, el economista Fabià Estapé, declarado fan de Cerdà, amortizó sus contactos en Madrid para promover una reedición de aquel libro «volatilizado».

En cuanto a Margalef, «no creó escuela debido a su personalidad», coinciden quienes le conocieron, señalando que nunca quiso entrar en ciertos circuitos que le habrían ayudado a trascender a cambio de peajes y pleitesías.

Antipatía, exilio, peajes, Matrix. Desde que nuestras vidas se mecanizaron radicalmente, proponer ciudades más naturales supone un cambio drástico que de entrada incomoda e irrita a un buen número de personas. Howard, Cerdà, Margalef o Rueda asumieron que más vale un presunto visionario loco que una ciudad enferma y confiaron al reloj el asentamiento de sus ideas.

Han pasado cuatro años desde que se presentó la supermanzana de Poblenou, que viene a ser una mezcla actualizada de la ciudad jardín y el diseño de manzanas. Después de Mencio y Cerdà, Rueda aplicaba el S9C por tercera vez en la historia, adaptándolo a su tiempo. Durante los primeros meses, los planificadores atendieron las quejas y los problemas que fueron surgiendo, y ajustaron las imprecisiones mientras divulgaban los nuevos usos que la gente podía hacer de la calle. Algunos vecinos propusieron añadir un parque infantil, un área de pícnic o pistas de petanca y tenis de mesa, peticiones que se fueron incorporando al espacio.

«Las supermanzanas ganan adeptos en el Poblenou», titulaba un periódico en 2017.

«El exitoso plan anticoches que arrancó con la oposición vecinal», titulaba en 2018 otro medio.

«700 muertes menos al año: el impacto de las supermanzanas», 2019.

«Aval científico a las supermanzanas», 2019.

Hoy, la superficie verde se ha doblado, añadiendo 176 árboles. El tránsito de 2.218 coches diarios ha bajado a 932. Los comerciantes han visto desvanecerse su animadversión al «experimento» que presumiblemente les iba a espantar la clientela y expresan su optimismo ante la apertura de nuevos establecimientos comerciales, que han aumentado un 30 por ciento en la zona. Ahora que las pancartas contra la supermanzana se han retirado de los balcones de Poblenou, las palabras de Rueda resuenan con singular fuerza: «Para saber cómo afectan las supermanzanas, primero pregunta a los que están en contra. Luego, a los que están a favor. Y al final, a los que llevan diez años viviendo en ellas». Para los vecinos de Poblenou habrían bastado dos.

«No sé si ahora hay más consenso que antes a favor de las supermanzanas –discrepa Lluís Puerto en el RACC–. Son una ruptura demasiado radical con la realidad. Y el que vive en la periferia sale perdiendo, porque recibe una sobrecarga de tráfico.»

Sin duda supone una ruptura, pero el Matrix barcelonés es una realidad tan ilusionante y expansiva que la red de Bibliotecas se ha sumado al carro de la experimentación introduciendo estanterías portátiles en distintas supermanzanas para poner libros a disposición de los paseantes a través de un servicio insólitamente móvil que suscribe la apuesta de hacer de la calle «un sitio donde pasen cosas, no solo coches», como dice el responsable del ensayo Óscar Carreño, que cuenta con la implicación de numerosas asociaciones vecinales para ejecutarlo. Otra idea en marcha es hacer clubs de lectura al aire libre durante primavera y verano.

Las supermanzanas abordan la fase de consolidación embelleciendo su interior a base, también, de arte, «lo que supone una manera de invitar a la gente a vivir la cultura», como ha dicho Xavier Mascaró, autor de varias de las gigantescas esculturas de guerreros desarmados y pensativos instaladas en esa zona de Poblenou. Las figuras, esculpidas en hierro colado de tres metros de alto y dos de ancho pesan alrededor de una tonelada cada una y se alzan como los nuevos *Guardianes* de ese espacio con talante de museo al aire libre.

Tras la aceptación de los vecinos, ha llegado el momento del disfrute, que incluye al arte, y los efectos del conjunto son lo bastante seductores como para ilusionar a vecinos de otros barrios donde se anuncian inminentes supermanzanas. La estupenda acogida que los vecinos han dado a la recién inaugurada en el barrio de Sant Antoni ejemplifica este nuevo deseo de supermanzana. De vivir mejor. Como había advertido Rueda, la supermanzana se ha acabado imponiendo por su propio peso. Esta frase casi invoca a otra manzana, la que inspiró a Isaac Newton la teoría de la gravedad. Cada fruta tiene su tiempo para madurar, hasta que cae, dulce y lista para nutrir vidas como las nuestras.

El éxito de la supermanzana es que no sostiene, reduce. Reduce la velocidad, las partículas en suspensión y los contaminantes en el aire, la radiación del asfalto. Los coches. El ruido. Y lo hace con una fórmula propia, distanciándose tanto del neoecologismo como de la fiebre tecnológica, construyendo una esfera intermedia basada en usos fundamentalmente sensatos que inducen a abandonar el ritmo maníaco-depresivo para recuperar la calma y, así, un orden más sano.

Un propósito de la supermanzana es recuperar la calidad de los sentidos, de todos los sentidos, de las personas que viven en la ciudad. Unos influyen en otros y la suma de sensaciones contribuye a hacer de la vida una experiencia más rica. De todos modos, venimos de una fase de pérdida: la inmersión en la burbuja urbana ha deteriorado muchos de esos sentidos y vamos a tener que reeducarlos para captar de verdad los matices que nos envuelven, para disfrutar de ese doméstico retorno a la naturaleza que proponen las nuevas ciudades.

Y, como estas páginas empezaron atendiendo al sonido, aquí conviene rescatar otro fragmento de la filósofa Tafalla donde dice que

> en la apreciación estética de la naturaleza resulta fundamental el sentido del oído. El problema, sin embargo, es que la mayoría de quienes hemos crecido en esta civilización no sabemos escuchar la naturaleza; apenas reconocemos la voz de algunas especies y no compren-

demos lo que dicen. Ese conocimiento tan solo lo posee una minoría, científicos y naturalistas, y me pregunto en qué grado nuestros antepasados cazadores-recolectores habían aprendido a escuchar la naturaleza, pero su sabiduría se fue perdiendo. La mayoría de nosotros concentramos nuestro oído en atender al lenguaje humano, a la música que nosotros creamos, a los sonidos de nuestras máquinas. Así, si queremos escuchar la naturaleza, tenemos que aprender.

Los castores poseen un oído estupendo que sin duda los ha ayudado a convertirse en una especie única, capaz de trabajar en grupo para modificar un ecosistema hasta dotarlo de las características naturales más favorables a la comunidad. La crítica situación ambiental que vive el planeta invita a que los seres humanos revisemos creencias y convicciones, como la de nuestra superioridad respecto a las demás especies, y nos dispongamos a aprender de animales bien dotados como los castores para, por ejemplo, transformar entornos de forma limpia y organizada. Por cierto que los castores comen verduras, lirios de agua, algas y, entre las frutas, también manzanas.

La súper de Poblenou evidenció que un cambio es posible, e inauguró el debate sobre hasta qué punto queremos llevarlo a cabo. No es lo mismo activar una célula que coordinar 503; pero si la transición del raíl a la goma se hizo sin grandes problemas, y si a muchos urbanitas les ha costado bien poco pasar del combustible al pedal, después del éxito de Poblenou y de la aleccionadora crisis del coronavirus hay motivos para creer que esta sociedad se adaptará fácilmente a un cambio de modelo que permitirá respirar más fresco, circular con mayor seguridad, disponer de nuevas calles francas o, entre otras cosas estimulantes, definir el canto de los pájaros que sobrevolarán en mucho mayor número la ciudad.